Paroles
pour un Québec libre

ÉDITIONS TRAIT D'UNION
284, square Saint-Louis
Montréal (Québec)
H2X 1A4
Tél.: (514) 985-0136
Téléc.: (514) 985-0344
Courriel: editions@traitdunion.net

Conception et mise en pages: Andréa Joseph [PAGEXPRESS]
Illustration de la couverture: Tanya Craan
Maquette: Tanya Craan
Idée originale: François Turgeon

Données de catalogage avant publication (Canada)

Vedette principale au titre:

  Paroles pour un Québec libre

  ISBN 2-89588-048-4

  1. Québec (Province). – Histoire – Autonomie et mouvements
indépendantistes. 2. Droit des peuples à disposer d'eux-mêmes – Québec
(Province). 3. Nationalisme – Québec (Province). 4. Souveraineté. 5.
Mondialisation. I. Bouliane, Martine.

FC2920.N38P28 2003   9714   C2003-940417-X
F1052.95.P28 2003

DISTRIBUTEURS EXCLUSIFS

POUR LE QUÉBEC ET LE CANADA

Édipresse inc.
945, avenue Beaumont
Montréal (Québec)
H3N 1W3
Tél.: (514) 273-6141
Téléc.: (514) 273-7021

POUR LA FRANCE ET LA BELGIQUE

D.E.Q.
30, rue Gay-Lussac
75005 Paris
Tél.: 01 43 54 49 02
Téléc.: 01 43 54 39 15

Nous remercions le Conseil des Arts du Canada ainsi
que le gouvernement du Canada (Programme d'aide au
développement de l'industrie de l'édition) pour leur
soutien financier.

Conseil des Arts
du Canada

Nous bénéficions d'une subvention d'aide à l'édition de
la SODEC.

SODEC
Québec ::

« Nous reconnaissons l'aide financière du gouvernement du
Canada par l'entremise du Programme d'aide au développement
de l'industrie de l'édition (PADIÉ) pour nos activités d'édition »

Canadä

Pour en savoir davantage sur nos publications,
visitez notre site www.traitdunion.net

Paroles
pour un Québec libre

Citations colligées par
Martine Bouliane

U TRAIT D'UNION

« Je n'ai pas peur de l'indépendance du Québec
parce qu'elle ne se réalisera pas.
Mais certains investisseurs ont peur. [...]
Les Québécois ne rejetteront pas
le meilleur pays au monde. »

JEAN CHRÉTIEN, au cours de la campagne électorale
menant à l'accession du PQ au pouvoir en 1994.

Je me souviens

Rougi du sang de tant de braves
Ce sol jadis peuplé de preux
Serait-il fait pour des esclaves
Des lâches ou des malheureux?

CHANT PATRIOTIQUE
créé après la rébellion de 1837.

«Il n'y a pas, que nous sachions, de peuple français en cette province, mais bien un peuple loyal et amoureux de la liberté en même temps, et capable d'en jouir; ce peuple n'est ni français, ni anglais, ni écossais, ni irlandais, ni yankee, il est Canadien.»

Le journal *Le Canadien*, 1831.

«Le moment présent est un moment d'inquiétude cruelle pour tous les amis du pays, qui est menacé de voir en un instant détruire tout moyen d'empêcher la ruine de ses établissements et le renversement de ses lois, par la réunion des deux provinces, en laissant au Haut-Canada, qui n'a que 120 000 habitants, 40 représentants et 50 seulement pour le Bas-Canada, qui en a 500 000. »

LOUIS-JOSEPH PAPINEAU,
homme politique, 1822.

« Messieurs les unionaires disent que c'est propre à servir leur cause, parce que le Parlement verra bien qu'il ne doit avoir aucun égard aux représentations d'une population aussi ignorante que celle du pays qui ne sait écrire et fait des croix. »

LOUIS-JOSEPH PAPINEAU, 1823.

« N'oublions jamais le massacre de nos frères, que tous les Canadiens transmettent de père en fils, jusqu'aux générations futures les plus éloignées, les scènes du 21 de ce mois [...]. »

LA MINERVE, sur l'assassinat de trois Canadiens au cours de violences raciales, édition du 24 mai 1832.

« Égalité de tous les citoyens : point de distinction d'origine, de langue ou de religion ; liberté pleine et entière de commerce : plutôt une lutte sanglante, mais juste et honorable, qu'une soumission lâche à l'oppression d'un pouvoir corrompu. »

PRINCIPES ADOPTÉS À L'ASSEMBLÉE GÉNÉRALE
DE VERCHÈRES, 1837.

« Nous invitons tous nos citoyens dans toute la province à unir leurs efforts aux nôtres afin de procurer à notre commune patrie un système de gouvernement bon, peu dispendieux et responsable. »

CONFÉDÉRATION DES SIX-COMTÉS, 1837.

« Je meurs sans remords, je ne désirais que le bien de mon pays dans l'insurrection et l'indépendance ; mes vues et mes actions étaient sincères et n'ont été entachées d'aucun des crimes qui déshonorent l'humanité et qui ne sont que trop communs dans l'effervescence des passions déchaînées. »

CHEVALIER DE LORIMIER, homme politique,
quelques heures avant sa pendaison, 1838.

« Quoique je sois un de ceux qui croient à l'indépendance de ce pays et de nos colonies voisines, dans un temps futur, d'après l'ordre naturel des choses, je ne la voudrais cependant que du consentement mutuel des deux parties et dans leur intérêt commun. »

LOUIS-HIPPOLYTE LA FONTAINE,
avocat et politicien, 1837.

« Les Canadiens n'ont aucune justice à espérer de l'Angleterre ; que pour eux, la soumission serait une flétrissure et un arrêt de mort, l'indépendance, au contraire, un principe de résurrection et de vie. Ce serait plus encore, ce serait une réhabilitation du nom français terriblement compromis en Amérique après la honte du traité de Paris de 1763 [...]. »

LOUIS-JOSEPH PAPINEAU, 1839.

« Quant à vous, mes compatriotes, peuple, mon exécution et celle de mes camarades d'échafaud vous sont utiles. Puissent-elles vous démontrer ce que nous devons attendre du gouvernement anglais. »

CHEVALIER DE LORIMIER, 1838.

«La Confédération sera la tombe de la race française qui commençait à prendre racine sur cette terre de l'Amérique du Nord.»

HENRI TASCHEREAU,
député conservateur, 1867.

«La Confédération sera la tombe de la race française et la ruine du Bas-Canada.»

WILFRID LAURIER,
Premier ministre du Canada, 1867.

«Nous n'avons aucune confiance dans la durée de la Confédération actuelle. Nous croyons à des bouleversements politiques profonds dans un avenir plus ou moins éloigné.«

JULES-PAUL TARDIVEL,
journaliste, romancier et essayiste, 1887.

«Ne soyons pas Canadiens français ni catho-liques comme tout le monde; soyons-le superlativement. Soyons-le, j'oserais dire, comme si nous étions les grandes artères tenant au cœur même de la patrie, et où s'élaborerait le sang nouveau avant de refluer dans les veines du reste de nos compatriotes.»

LIONEL GROULX, prêtre et historien, 1907.

«Nous sommes actuellement à la croisée des chemins.»

LOUIS-ALEXANDRE TASCHEREAU,
Premier ministre du Québec, 1922.

«Nous ne réclamons que le droit d'être maîtres chez nous et de nous occuper de nos propres affaires.»

MAURICE DUPLESSIS,
Premier ministre du Québec, 1941.

«Assez de survivace. Assez de sentimentalisme, de verbalisme impénitent. La nation n'est pas une momie mais une entité vivante.»

ÉDITORIAL DE *L'ACTION NATIONALE*, 1952.

«L'autonomie de la province, les droits de la province, c'est l'âme du peuple, de la race, et personne ne saurait y porter atteinte. Ce sont

ces droits et ces prérogatives qui nous per-
mettent d'élever nos enfants dans la langue
française et la religion catholique. »

MAURICE DUPLESSIS, 1945.

« Le chemin vers la libération du Québec est
encore long à parcourir, mais déjà des espoirs
sérieux sont permis. »

RAYMOND BARBEAU,
homme politique et essayiste, 1959.

« Vous êtes pas écœurés de mourir, bandes
de caves, c'est assez ! »

CLAUDE PÉLOQUIN, poète,
au cours des années 1960.

« Les institutions doivent être fortes. Si un
jour le Québec doit être indépendant, il en
aura besoin. Si le Québec doit rester à l'intérieur de la Confédération canadienne, il en
aura besoin tout autant. »

DANIEL JOHNSON PÈRE, Premier ministre
du Québec, discours sur l'avenir
de la province, 1965.

« Coopération oui, assimilation jamais. »

> SLOGAN DE L'UNION NATIONALE.

« Monsieur Pearson, vous vous méprenez lamentablement sur la patience et la soumission des Canadiens français. »

> MARCEL CHAPUT, fondateur du Rassemblement pour l'indépendance du nationale, 1961.

« L'essentiel, pour nous, est de nous libérer de ceux qui, à l'intérieur comme à l'extérieur du Québec, nous dominent économiquement et idéologiquement, et qui profitent de notre aliénation. L'indépendance n'est que l'un des aspects de la libération des Québécois par la révolution. »

> ÉDITORIAL DU PREMIER NUMÉRO DE *PARTI PRIS*, 1963.

« Ottawa en a décidé ainsi et les Canadiens français n'ont qu'à s'incliner. Encore une fois, on paradera à travers nos rues un des symboles les plus évidents de notre état de colonisé.»

PIERRE BOURGAULT, fondateur du Rassemblement pour l'Indépendance Nationale (RIN) et journaliste, évoquant la visite de la reine d'Angleterre à l'occasion du centième anniversaire de la Confédération, 1964.

«Dans la mesure où les provinces ne poursuivent pas ce même objectif, le Québec se dirigera, par la force des choses, vers un statut particulier qui tiendra compte à la fois des caractéristiques propres de sa population et du rôle plus étendu qu'elle veut conférer à son gouvernement.»

JEAN LESAGE, Premier ministre du Québec, dans une allocution à l'EMPIRE & CANADIAN CLUB DE TORONTO, 1964.

«Le Québec est une société sous-développée, sous-instruite, coloniale, manquant de richesse et de fierté, mais paradoxalement bien nourrie et confortable, endormie par ses élites et ses "rois nègres" dans une médiocrité totale qui pourrait lui être mortelle, exaltant sa culture mais abîmant sa langue. »

René Lévesque, Premier ministre
du Québec et fondateur
du Parti québécois, 1966.

« Une nouvelle Constitution canadienne qui ne reconnaîtrait pas clairement et de façon concrète le fait que les Québécois constituent un groupe différent et forment une société distincte qui désire ardemment maintenir son identité sociale et culturelle, serait inacceptable. »

Gouvernement Bourassa, 1970.

« Nous ne nous tairons pas.
Nous avons une bataille à gagner.
Nous la gagnerons. »

Pierre Bourgault, 1970.

« Tout cela était encore embryonnaire, mal défini, désincarné. Mais cela existait. Pour nous, à cette époque, alors même que nous sortions de la noirceur duplessiste et de la masturbation néolibérale de *Cité libre*, ce n'était pas un mince tour de force de simplement exister. »

PIERRE BOURGAULT, 1973.

« Ce journal sera indépendantiste, social-démocrate, national, et libre. Nous l'avons voulu comme ça. »

ÉDITORIAL DU PREMIER ARTICLE DU JOURNAL
LE JOUR, 1974.

« Certains étaient complètement saouls et ils n'attendaient que l'occasion, depuis très longtemps, de casser leurs matraques sur le dos de ces maudits séparatistes. »

PIERRE BOURGAULT, à propos des soldats et des policiers présents lors du Samedi de la matraque, 1973.

« Nous ne sommes pas un petit peuple. Nous commençons même peut-être à ressembler à un grand peuple. »

RENÉ LÉVESQUE, après la victoire du Parti québécois, 1976.

« Six millions de moutons, voilà ce que les Québécois seront s'ils répondent oui à la question. Et s'ils disent non, eh bien, ils seront quand même des moutons. Quel choix ! »

PIERRE BOURGAULT,
à propos de la question référendaire, 1979.

« Le Québec sera distinct à l'intérieur du Canada, ou alors il le sera à l'extérieur du Canada. »

BRIAN MULRONEY,
Premier ministre du Canada, 1984.

« Le Canada anglais doit comprendre d'une façon très claire que quoi qu'on dise et qu'on fasse, le Québec est, aujourd'hui et pour toujours, une société distincte, libre et capable d'assumer son destin et son développement. »

ROBERT BOURASSA,
Premier ministre du Québec, 1990.

«Il y a aujourd'hui au Québec un grand consensus : que le référendum se tienne l'an prochain, en 1995. Le chef de l'opposition le demande, le Premier ministre canadien le demande. Ça tombe bien, car c'est notre intention.»

JACQUES PARIZEAU, Premier ministre
du Québec, 1994.

Un pays en devenir

« Nous avons à choisir ou de redevenir les maîtres chez nous ou de nous résigner à jamais aux destinées d'un peuple de serfs. »

LIONEL GROULX, 1920.

« Chacun doit mettre la main à la pâte. Chacun des descendants des 60 000 vaincus de 1760 doit compter pour un ! Au moins pour un ! […] Le Canada français sera ce que les Canadiens français auront mérité ! »

RENÉ LÉVESQUE, 1939.

« Personne ne le sait de façon certaine. La situation évolue constamment. »

JACQUES PARIZEAU, à propos de la question
What does Quebec want?, 1967.

« L'avenir d'un peuple ne sort jamais tout seul du néant. Il exige que des "accoucheurs" assez nombreux prennent en connaissance de cause la décision grave d'y travailler. Car, à côté des forces aveugles et de tous les impondérables, il faut croire que ce sont encore essentiellement les hommes qui font l'histoire. »

RENÉ LÉVESQUE, 1968.

« Entre deux "joints" vous ne croyez pas qu'on pourrait peut-être faire quelque chose ? »

PIERRE BOURGAULT, 1971.

« Ou je me trompe fort, ou notre peuple ressent comme jamais un besoin féroce de sortir enfin de la confusion, de l'à-peu-près et du j'avance-et-puis-je-recule. »

RENÉ LÉVESQUE, 1970.

« C'est long, l'histoire, et plein de surprises. »

PIERRE VALLIÈRES, ex-membre du Front de Libération du Québec (FLQ), romancier et essayiste, 1994.

« À condition de le mériter, l'avenir travaille pour nous. »

RENÉ LÉVESQUE.

« Pendant que l'ennemi occupe le terrain, nous discutons du sexe des anges. »

PIERRE BOURGAULT, 1981.

« Ce sera un moment historique, où les yeux non seulement du reste du Canada, mais d'une grande partie du monde également, seront fixés sur nous. »

RENÉ LÉVESQUE, parlant du référendum
à venir, 1980.

« L'indépendance du Québec se fera. Même ceux qui s'y opposent savent au fond d'eux-mêmes que ce n'est qu'une question de temps. »

LISE PAYETTE, ministre péquiste, animatrice
de télévision, romancière,
scénariste et essayiste, 1982.

« Mais j'ai confiance qu'un jour, il y a un rendez-vous normal avec l'histoire qui se tiendra et j'ai confiance qu'on sera là, tous ensemble, pour y assister. »

RENÉ LÉVESQUE, 20 mai 1980.

« Heureux événement en perspective : la nation québécoise est enceinte d'une belle grosse fille qu'elle veut appeler "Indépendance". La mère est non seulement en forme pleine mais en pleine forme. Tout laisse présager une naissance joyeuse. »

DORIS LUSSIER, comédien, humoriste et essayiste, 1991.

« Or, aujourd'hui, la population n'est pas prête à appuyer le plan B, la souveraineté. Et moi, je pense qu'on ne peut pas faire entrer de force dans la gorge des gens un projet dont ils ne veulent pas. Alors, tant que le peuple ne pensera pas autrement, je crois qu'il faut l'écouter. »

JEAN ALLAIRE, fondateur de l'Action Démocratique du Québec (ADQ), à propos du rapport Allaire qui proposait la souveraineté comme plan B, 1992.

« Les Québécois soignent leur abcès constitutionnel. Il est temps qu'on le crève. »

LUCIEN BOUCHARD, Premier ministre
du Québec et fondateur
du Bloc québécois, 1992.

« C'est pas vrai qu'on perd du terrain. La situation est meilleure qu'en 1976, avec le Bloc québécois au fédéral. Si on n'a pas encore la majorité, l'autre camp ne l'a pas non plus. Voyons donc ! On va aller le chercher, le pourcentage qui nous manque… »

PAUL PICHÉ,
auteur-compositeur-interprète, 1994.

« La braise souverainiste ne s'éteindra jamais. Nous savons maintenant qu'elle renaîtra toujours de ses cendres, même si elle doit couver pendant une décennie. »

LUCIEN BOUCHARD, 1992.

« Je souhaite qu'au prochain référendum, le gouvernement obtienne un maximum d'appui. »

PIERRE NADEAU, journaliste, 1994.

« Gardons espoir, car la prochaine fois sera la bonne. Et cette prochaine fois pourrait venir plus rapidement que l'on pense. »

LUCIEN BOUCHARD, après l'annonce des résultats du référendum, 1995.

« L'indépendance du Québec reste le ciment entre nous. Nous voulons un pays et nous l'aurons. »

JACQUES PARIZEAU, après l'annonce des résultats du référendum, 1995.

« Un commencement qui n'a pas de sens, qui ne peut pas marcher, qui ne vaut pas la peine s'il n'est pas aussi, beaucoup, énormément, celui de votre génération. »

JACQUES PARIZEAU, propos tenus devant des étudiants universitaires, 1995.

C'est beau c'est beau
C'est mon pays
Le coffre fort de tous nos souvenirs
C'est beau c'est beau
C'est ton pays
Le château fort de tout notre avenir

> CLAUDE GAUTHIER, auteur-compositeur-
> interprète, paroles tirées de la chanson
> *Regarde un peu.*

« Parce que c'est vous, les jeunes du Québec, qui allez voir grandir ce pays. Parce que c'est vous qui allez lui donner son élan et sa vitalité. Le Québec souverain, il vous appartient. »

> JACQUES PARIZEAU, 1995.

« Si le référendum s'était soldé par 60 pour cent de Non, la question se serait posée. Mais à 50-50, il faut continuer. »

> GILLES DUCEPPE, chef du Bloc québécois,
> sur la pertinence de l'existence
> de son parti, 1996.

« Nous allons démontrer qu'on est capables, encore, à défaut d'un pays, de monter une société française qui a le cœur à l'ouvrage et le cœur accroché à la bonne place jusqu'à ce que, enfin, on prenne notre revanche et qu'on se donne un pays à nous. »

JACQUES PARIZEAU, après l'annonce
des résultats référendaires, 1995.

« Parce qu'il est grand temps d'être francs. »

LUC PICARD, comédien, sur les raisons
pour lesquelles le Québec devrait être
indépendant, 1995.

« Il y a maintenant des années que nous discutons. Il est temps d'aboutir. »

JACQUES PARIZEAU, 1994.

« L'heure de la contre-attaque a sonné et c'est dans la rue que ça doit se passer. »

RAYMOND VILLENEUVE,
ex-membre du FLQ, 1997.

« Vive l'espoir, vive le Québec ! »

> JACQUES PARIZEAU, après l'annonce
> des résultats du référendum, 1995.

« Des notions aussi creuses que "foyer principal de la culture française", ou encore celle de
"société distincte"sont désormais obsolètes. »

> GÉRALD LAROSE, président de la Centrale
> syndicale nationale (CSN), 1996.

« La table est mise. Le troisième référendum
sera le bon », a-t-il prédit devant une cen-
taine d'étudiants de l'Institut d'études politiques de Paris.

> JACQUES PARIZEAU, à l'Institut d'études
> politiques de Paris, 1998.

« Le Québec ne saurait se faire en lisant le futur dans un rétroviseur. Il se construira
lorsque nous commencerons à travailler ensemble avec le futur comme cible mais une
cible qui a le monde comme horizon. »

> LE RASSEMBLEMENT POUR L'INDÉPENDANCE
> DU QUÉBEC (RIQ), sur « l'affaire Michaud »,
> 2000.

« Mon ambition est la souveraineté du Québec. Je sais qu'elle est partagée par tous (au gouvernement). Mais cessons de dire que ce l'est. Et agissons en conséquence. Je n'estime pas que nous agissons en conséquence. »

ANDRÉ BOULERICE, ministre péquiste, 2000.

« Ce n'est pas le temps d'aller chercher une fourchette ou un couteau. On a besoin d'un couvert complet. On a une option pour laquelle on a fait assez de preuves. Je suis tanné des hors-d'œuvre, je veux manger le plat principal. »

GUY CHEVRETTE, ministre péquiste, concernant l'idée proposée par Jean-François Lisée dans *Sortie de secours* pour régler la question constitutionnelle, 2000.

« Quand on dit que l'idée d'indépendance est morte, que le chien est malade, eh bien, le chien n'est pas malade. Il va bien. Il va mordre bientôt. »

MARCEL LEFEBVRE, membre fondateur du Rassemblement pour l'indépendance du Québec, 2000.

«Voilà une affaire qui n'est pas réglée et de loin. Comme disait Miron : si l'indépendance n'est pas faite, c'est qu'elle est à faire.»

GILLES VIGNEAULT, poète et auteur-compositeur-interprète, 2000.

«Je crois très sincèrement qu'après quarante ans de débats, il est dans l'intérêt des Québécois que cette question soit réglée et qu'elle soit réglée le plus rapidement possible dans le sens de la souveraineté du Québec. C'est ma conviction la plus certaine.»

ROBERT PERREAULT, ministre péquiste, lors de sa démission, 2000.

«Il nous reste des défis essentiels pour accéder à la souveraineté. Parmi ceux-ci, j'aimerais en évoquer un : faire en sorte que notre projet politique soit de plus en plus porté par les jeunes.»

PAULINE MAROIS, vice-Première ministre, 2001.

« Tant que le Québec n'est pas un pays, la fête nationale doit rester politique, pour galvaniser les troupes. »

Biz, membre du groupe Loco Locass, 2001.

« Quand je vois cet inéluctable rapetissement de l'État québécois, je suis bien loin de considérer le projet de souveraineté du Québec comme dépassé, archaïque ou comme le prétend Stéphane Dion dans son jargon intello, obsolète. »

Jacques Brassard, ministre péquiste,
sur le fait de « courber l'échine »
pour avoir de l'argent d'Ottawa, 2002.

« C'est sûr, ça. Mais la réponse, ce n'est pas qu'il faut arrêter les chicanes, non, c'est qu'il faut arriver au terme de nos chicanes après que la population aura tranché le débat une fois pour toutes. »

Paul Bégin, ministre péquiste, 2002.

« Le Québec est prêt, on a une économie qui est prête. Il nous reste seulement à la faire. »

DAVID LEVINE, ministre de la Santé et candidat défait du Parti québécois, 2002.

« Je croyais alors, et je crois toujours, que l'atteinte de notre objectif ne sera possible que si nous provoquons et saisissons toutes les occasions pouvant se présenter pour faire progresser notre option politique auprès des citoyens. Une occasion manquée, souvent, plus jamais ne revient. »

PAUL BÉGIN, lors de l'annonce de son départ du Parti québécois, 2002.

« Puisque mes gènes me transmettent une longévité respectable, j'espère bien pouvoir participer à cette explosion de bien-être et de joie qui s'empare d'un peuple lorsque, gonflé de fierté, il décide enfin de prendre en main son destin ! »

DENIS LAZURE, ministre du Parti québécois, 2002.

Des gens à part

« Il faut faire disparaître la crainte de penser, de parler et de dire ce que l'on pense. Nous devons émerger et créer ce que nous pouvons. »

RENÉ LÉVESQUE, 1961.

« Car c'est seulement au Québec que les Canadiens français ont la force politique que confère la prépondérance numérique. C'est là seulement qu'ils peuvent se donner des institutions, un cadre de vie, un milieu qui soient à la dimension exacte de leurs besoins et de leur personnalité. »

DANIEL JOHNSON PÈRE, 1967.

« On est un petit peuple, comme les Suédois, comme les Suisses, mais même les petits peuples ont le droit de se réaliser jusqu'au coton, jusqu'à la limite de leurs ressources, et aussi de faire leurs bêtises, parce que c'est seulement comme ça qu'ils sauront vraiment qui ils sont et qu'ils pourront donner leur rendement complet. »

RENÉ LÉVESQUE, 1966.

« Depuis des générations, nous avons maintenu contre vents et marées cette identité qui nous rend différents en Amérique du Nord. Nous l'avons fait au lendemain de la défaite, puis à l'Assemblée du Bas-Canada : nous l'avons fait en dépit de l'écrasement de 1837 et sous l'Acte d'Union, qui visaient l'un et l'autre à nous réduire à l'insignifiance ; et puis encore dans un régime fédéral qui, lui aussi, nous enfonce de plus en plus dans un statut de minorité. »

NOUVELLE ENTENTE QUÉBEC-CANADA,
GOUVERNEMENT DU QUÉBEC, 1979.

« L'homme d'ici ne s'y reconnaîtra plus. Son appartenance à un peuple entièrement responsable de lui-même ne peut qu'engendrer un sens inédit de la responsabilité et développer comme jamais auparavant l'esprit d'initiative. »

RENÉ LÉVESQUE, 1972.

«Tout ce qu'on reproche au Canadien français, son parler débraillé, son manque d'audace, de fierté, son complexe d'infériorité, et le reste, n'est en réalité que des symptômes qui découlent d'une cause. Et vouloir changer le peuple en essayant de corriger ces symptômes morbides est une dangereuse et illusoire thérapie. »

MARCEL CHAPUT, 1961.

«Le Québec est […] une nation née comme les autres, autant sinon mieux que la plupart des autres, pour s'épanouir et prendre ses affaires en main, mais qu'on a failli étouffer à jamais dans la ouate déprimante d'un climat politique et social paternaliste, complexé, tout rempli d'une "sainte" méfiance de l'homme et littéralement fait pour l'émasculer. »

RENÉ LÉVESQUE, 1973.

« Le vrai Québécois vote pour les libéraux au fédéral et pour le Parti québécois au provincial parce que le vrai Québécois sait qu'est-ce qu'y veut. Pis qu'est-ce qu'y veut, c't'un Québec indépendant dans un Canada fort. »

YVON DESCHAMPS, humoriste, extrait tiré du monologue *La fierté d'être Québécois*, 1976.

« Il ne faut pas se prendre pour plus que ce que l'on est, mais jamais non plus pour moins que ce que l'on est. »

RENÉ LÉVESQUE, 1986.

« Ce n'est plus chez lui la domination des armes qui le fait taire, ce n'est pas le barbelé du camp de concentration qui l'oblige à la réclusion, c'est beaucoup plus grave. C'est dans sa volonté qu'il est atteint. Il pourrait être libre et il refuse de le croire. Il pourrait être lui-même, mais il cherche des raisons de fuir. »

MARCEL CHAPUT, 1961.

«Les Canadiens français ont été le peuple le plus patient de la terre. Ils ne doivent pas s'excuser de vouloir maintenant occuper leur place.»

RENÉ LÉVESQUE, sur la nationalisation de l'électricité, 1962.

«Dans le mouvement qui nous occupe, il ne faut pas déplacer le fond du problème. On ne joue pas, même politiquement, avec l'identité d'un peuple. On le vit en tant que personnes humaines.»

YVON DESCHAMPS, 1979.

«"Un homme se définit par son projet", a dit Jean-Paul Sartre. Un peuple aussi.»

HUBERT AQUIN, romancier et essayiste, 1962.

«Je me sens femme. Je me sens québécoise. Je me sens optimiste. Ce qu'il nous faut maintenant, c'est une chanson pour guérir.»

PAULINE JULIEN, comédienne au Centre Paul-Sauvé, après l'annonce des résultats du référendum de 1980.

« Le gouvernement central du Canada a voulu nous assimiler mais s'est heurté à un problème d'identité, de culture et de langue. »

YVON DESCHAMPS, 1979.

« Je connais le Québec, j'aime les gens du Québec. Les Québécois sont des travailleurs essentiellement honnêtes, ils détestent la malhonnêteté où qu'elle se trouve. »

LUCIEN BOUCHARD, 1988.

« Si en 1977 j'ai créé le monologue *La fierté d'être Québécois* dans lequel je lançais cette petite phrase sous forme de boutade "un Québec indépendant dans un Canada fort", je me rends compte à quel point cette phrase est maintenant devenue la volonté de beaucoup d'individus. »

YVON DESCHAMPS, 1980.

« Les Québécois, comme les autres peuples, devront accepter un jour d'être eux-mêmes, ce qui n'empêche ni l'ouverture aux autres ni la fraternité. »

YVES BEAUCHEMIN, romancier, 1993.

« Toute l'histoire du Québec, avant même la bataille des plaines d'Abraham, est une quête : celle de la reconnaissance de ce que nous sommes et de l'égalité avec les autres peuples. »

JACQUES PARIZEAU, 1995.

« La question clé est de savoir si les Québécois considèrent qu'ils forment une nation. Si oui, qu'ils se donnent les institutions et les instruments d'avoir leur État. »

RODRIGUE TREMBLAY,
ministre péquiste,1995.

« Le petit groupe de francophones d'Amérique que nous formons a une vitalité culturelle étonnante, veut vivre ensemble, en Amérique et dans le monde, veut s'occuper de ses affaires et veut avoir avec le reste du monde des liens et des rapports que la vie moderne impose parfois, et facilite souvent. »

JACQUES PARIZEAU, 1996.

« Les Québécois sont perfides. On les croit tolérants (bonasses selon certains) et d'un naturel paisible, mais c'est là une façade, un truc. En vérité, ils n'attendent que la souveraineté pour se déchaîner. »

CLAUDE MORIN, ministre péquiste sous René Lévesque, 1996.

« J'ai changé d'option quand je me suis rendu compte que dressés l'un contre l'autre, le Québec et le Canada se neutralisent, n'arrivent plus à bouger, s'enfoncent dans des conflits souvent dérisoires. Je n'en veux pas à ceux qui ont décidé d'être canadiens. Moi j'ai choisi, comme bien d'autres, d'être québécois. »

JACQUES PARIZEAU, 1996.

« En souhaitant que le Québec devienne un pays, je ne revendique pas pour mon peuple le droit de se séparer de qui que ce soit, mais celui d'être différent et de l'affirmer. »

STÉPHANE ÉTHIER, animateur, 1995.

« Ce n'est pas pour rien qu'on parle avec des moitiés de phrase, qu'on est gênés d'exister. Une conquête, ça ne s'oublie pas du jour au lendemain. L'humiliation non plus. »

LUC PICARD, 1995.

« Le Canada n'est pas notre pays, c'est pas de ma faute. »

RAYMOND LÉVESQUE,
auteur-compositeur-interprète, 1999.

« Même si cette modification importante de la personnalité collective n'en a quand même pas entamé le fond originel ni faussé les aspirations fondamentales, il reste cependant quelle a compliqué la lutte qu'il faut encore mener contre le pouvoir anglophone pour mener enfin à terme une libération politique et économique depuis longtemps entreprise. »

> CAMILLE LAURIN, ministre et père
> de la loi 101, 1999.

« Le problème canadien, faut-il le rappeler, ne réside pas dans le refus québécois d'admettre leur identité civique canadienne, mais bien dans le refus canadien d'admettre la nation québécoise. Et c'est ce refus qui constitue un argument de poids en faveur de l'indépendance du Québec. »

> MICHEL SEYMOUR, philosophe, 1999.

« Je me tiens pour Québécois (sans estimer qu'il y ait là matière à fierté abusive), je supporte comme une fatalité que certains me tiennent pour un Canadien français, mais je me rebiffe si l'on veut me considérer comme Canadien. »

> GILLES ARCHAMBAULT, romancier et
> nouvelliste, 1999.

« Ce sont des peurs que l'on se donne à soi-même et ce temps-là est révolu. »

GUY BOUTHILLIER, président de la Société de la Saint-Jean-Baptiste, sur les arguments économiques utilisés contre la souveraineté, 2000.

« À ce compte-là, toutes les provinces désireraient être souveraines. S'il existe une forte volonté de souveraineté au Québec, c'est que ce mouvement se base sur des critères qui dépassent la simple gestion des affaires publiques. Ces critères sont de l'ordre de la démocratie, de la notion de peuple, de la volonté de vivre en commun des Québécois et de l'histoire commune. »

CAROLINE SAINT-HILAIRE, députée de Longueuil, 1999.

« Je crois que le pire défaut des Québécois francophones, c'est le mépris de soi. »

FERNAND DUMONT, sociologue, 1997.

« Et si l'on s'assumait, tout simplement, comme Québécois, et les Canadiens anglais, comme Canadiens ? Ce serait déjà un début prometteur. »

JOSÉE LEGAULT, politologue et chroniqueuse politique au journal *The Gazette*, 2001.

« Notre quête incessante d'une identité collective a certainement un effet sur les jeunes et sur leur propre quête d'identité. Les nations autochtones ont aussi ce problème, et elles connaissent également un taux très élevé de suicide. Il y a peut-être là un os. »

RICHARD BOUTET, cinéaste, 1996.

« Mais je demeure convaincu que le Québec se fait tous les jours dans les faits. Il y a ici des coutumes et des manières d'être particulières qui ne sont pas celles du reste du Canada. C'est ça, un pays. »

GILLES VIGNEAULT, 2000.

« J'ai le sentiment d'être québécois. Un sentiment qui s'est affermi lors de mes voyages
durant les dix dernières années. Je n'ai jamais
caché mes opinions, je suis un souverainiste,
mais je ne porte pas les bannières parce qu'on
a laissé tomber ceux qui les ont trop portées. »

BRUNO PELLETIER, interprète, sur la fête
de la Saint-Jean-Baptiste, 2001.

« Alors là, j'ai envie de crier : peuple, debout ! »

BERNARD LANDRY,
Premier ministre du Québec, 2002.

« Je suis souverainiste avec autant de conviction que je me considère femme. Cela fait
partie de mon identité. »

LOUISE HAREL, ministre et présidente de
l'Assemblée nationale, 2001.

« Il faut demander au gouvernement fédéral d'étendre ce statut du Québec. Quand la souveraineté du Québec sera faite, le problème ne se posera plus. »

BERNARD LANDRY, sur le fait que Québec devrait avoir sa propre délégation d'athlètes aux Jeux de la francophonie, 2002.

« Malgré leurs différences importantes, ces deux solutions ont en commun le fait qu'elles participent toutes deux à la quête du peuple québécois pour une nouvelle structure politique qui reflète la conception que les Québécois ont d'eux-mêmes et de l'ensemble politique dans lequel ils désirent évoluer. »

JEAN-PAUL CHARBONNEAU, ministre péquiste, sur le renouvellement du fédéralisme et de la souveraineté, 2002.

26 fois l'indépendance

« Nous indépendantistes, nous aspirons à l'internationalisme mais nos adversaires annoncent qu'ils veulent nous provincialiser de plus en plus. »

PIERRE BOURGAULT, 1965.

« Égalité ou indépendance. »

DANIEL JOHNSON PÈRE, 1965.

« Bien au contraire l'indépendance est l'instrument des peuples faibles qui n'ont pas de pouvoirs, des peuples qui manquent de moyens. »

PIERRE BOURGAULT, 1965.

« Le mot lui-même "d'indépendance" a fini par être associé aux purs et durs. »

MARCEL LEFEBVRE, 2000.

« Non, l'indépendance n'est pas une récompense, c'est un effort. Non, l'indépendance n'est pas une solution, mais un instrument – un instrument essentiel. »

PIERRE BOURGAULT, 1966.

« [...] Entre le statu quo constitutionnel et l'indépendance du Québec, je choisirais l'indépendance. »

LÉON DION, politologue, à la commission
Bélanger-Campeau, 1980.

« Faire l'indépendance d'un pays n'est jamais chose facile; il faut y mettre des années de luttes et de sacrifices. »

PIERRE BOURGAULT, 1971.

« Il est parfaitement naturel que les Anglais, en grand nombre, luttent contre l'accession du Québec à l'indépendance. Mais il est absolument anormal, aberrant, incompréhensible et dangereux, qu'ils le fassent tous. »

PIERRE BOURGAULT, 1978.

« Je me ferai l'avocat de l'indépendance du Québec – pas de la souveraineté-association – auprès des Québécois. Il faut d'abord accepter d'être indépendant quitte à ce qu'après, on nous amène à accepter une union économique. »

LÉON DION, 1991.

« Quoi faire de plus ? Je n'en sais rien. Puisqu'on n'écoute que Trudeau et Lévesque en ce pays, c'est à eux qu'il faut le demander. Moi, je n'ai plus rien à dire. »

PIERRE BOURGAULT, au sujet des possibilités pour les Québécois, 1981.

« Je pense que la solution de l'indépendance, comme telle, n'est plus une solution viable pour le Québec. »

LUCIEN BOUCHARD, 1988.

« S'il le faut, je serai d'accord. Si rien d'autre ne fonctionne, nous n'aurons pas d'autre choix : on devra le faire. »

ROBERT MIDDLEMISS, député, 1990.

« On dirait que le Québec est déjà indépendant. »

MARCEL CHAPUT, 1990.

« Parler de l'indépendance du Québec aujourd'hui, c'est parler tout ensemble d'une aspiration ancienne et d'une idée neuve, c'est exprimer une nécessité autant que saluer une promesse, c'est avoir le souci de l'efficacité autant que celui de la dignité, c'est rechercher une voie d'accès à l'universel autant qu'un moyen de conforter sa propre culture, c'est se situer à la rencontre de l'histoire et de l'avenir. »

JEAN–MARC LÉGER, premier diplomate de la francophonie et journaliste, 1993.

« Pour ma part, je suis partisan d'une séparation géologique. Nous devrions séparer réellement le Québec du reste du Canada et le déplacer vers les côtes de la Floride, pour jouir d'un climat plus agréable. L'indépendance du Québec nous laisserait trop près du Canada anglais. Il faut que le Québec s'en aille vraiment. »

LÉONARD COHEN, auteur-compositeur-interprète anglophone montréalais, 1994.

« J'ai voulu l'indépendance prolétaire. L'indépendance *tamtideledam* des gardiens du folklore. J'ai même fleurté un temps avec l'indépendance ou la mort. Je veux toujours l'indépendance. »

PIERRE FOGLIA, chroniqueur, 1994.

« Je ne suis pas nationaliste. Mais j'ai cru à l'indépendance du Québec et j'y crois encore. Il était de bon ton d'être partisan de l'indépendance dans les années 70. Aujourd'hui, il est de bon ton d'être contre. »

GILLES ARCHAMBAULT, 1994.

« Opter franchement pour la souveraineté du Québec, c'est choisir et militer pour le projet d'un pays québécois avec ou sans association. »

JEAN-PIERRE CHARBONNEAU,
député péquiste, 1994.

« Je suis favorable à l'indépendance, mais je constate, très lucidement, que la situation a évolué, que nous avons progressé. »

MONIQUE PROULX, romancière,
nouvelliste et scénariste, 1995.

« La seule bonne raison de faire l'indépendance, c'est l'aventure, beau mot qui signifie simplement le rêve de l'avenir au présent, et ceux qui le prennent dans un sens péjoratif ont sans doute intérêt à rester près de leurs pantoufles ou à retourner au casino. »

LOUIS HAMELIN, romancier, 1995.

« Parce que c'est certain qu'il y aura une prochaine fois. On n'arrête pas comme ça le désir d'indépendance, lorsque l'idée a progressé avec autant de force au sein d'un peuple, juste en disant que ce peuple-là n'existe pas. »

JACQUES PARIZEAU, 1997.

« Il ne faut pas s'y tromper. La réalisation de l'indépendance ne fera pas de nous des sauveteurs du monde. Elle ne réglera pas l'individualisme des sociétés modernes. »

BRUNO ROY, président de l'Union des écrivaines et des écrivains québécois, 1998.

« Ils vont avoir une riposte à laquelle ils ne s'attendaient pas. On est prêts à se battre jusqu'au bout pour l'indépendance. Nos ennemis, on va les expulser de chez nous, c'est la leçon de l'histoire, les Rhodésiens vont partir, ils vont retourner au Canada. »

RAYMOND VILLENEUVE, à propos des partitionistes, 1998.

« Je souhaite que ce débat se fasse, sur la base d'arguments rationnels, dénués de violence, ou de passion malsaine. »

JACQUES BRASSARD, parlant de graffitis haineux à l'égard des partitionistes, 1998.

« C'est pas des farces quand on dit qu'on est un peuple. Et à partir de là, il suffit de faire quelques pas pour avoir un pays. On ne peut pas le nier pour des raisons économiques. L'indépendance, ce n'est pas laid. »

MICHEL BRAULT, cinéaste, 1999.

« Paradoxalement, je suis devenu indépendantiste parce que je ne voulais pas être nationaliste au sens traditionnel du terme, c'est-à-dire parce que je ne voulais pas être condamné à l'obsession du destin collectif, parce que je voulais envisager l'avenir de façon positive et non pas défensive, autrement dit parce que je ne voulais pas être un Canadien français enchaîné au carcan de la survivance. »

DENIS MONIÈRE, essayiste et membre du Cercle Gérald-Godin, 1995.

La souveraineté
de tous les côtés

« Mais je cherche encore pourquoi le nationalisme, selon Trudeau, et plus particulièrement son expression séparatiste actuelle au Canada français, est un ferment de régression historique, sociale, humaine et logique. »

HUBERT AQUIN, 1962.

« N'est-ce pas beau : voilà la souveraineté comme elle doit se faire, dans la joie et dans la paix ! »

DORIS LUSSIER, devant la foule assemblée à la fête de la Saint-Jean-Baptiste suivant l'échec de Meech, 1990.

« Remplacer l'ordre constitutionnel existant par deux États souverains associés dans une

union économique, responsables à un Parlement commun. »

LA QUESTION DE BRUXELLES DE ROBERT
BOURASSA, début de 1990.

« Un Québec souverain sera beaucoup plus
utile [aux Acadiens] qu'un Québec humilié,
qu'un Québec qui se contente du minimum
contenu dans Meech, qu'un Québec ballotté
au gré des veto de celui-ci et de celui-là. »

BERNARD LANDRY, 1990.

« C'est après ce oui que les négociations
pourraient s'engager pour de vrai. Autrement, le Canada demeurera englué, comme
une mouche sur un collant à mouches : tu
dégages une patte et tu t'en colles deux. »

JEAN-PAUL DESBIENS,
alias le Frère Untel, 1991.

« Et c'est encore dans le respect des exigences
de la démocratie que le Québec chemine
aujourd'hui vers la plénitude de la person-

nalité politique qu'il recherche patiemment. »

JACQUES PARIZEAU, 1991.

« Je ne resterais pas une minute de plus à Ottawa s'il n'y avait pas dans le collimateur l'idée de faire la souveraineté et que, entre-temps, ça prend des gens pour la défendre. »

LUCIEN BOUCHARD, 1991.

« Dans la mesure où le référendum porterait sur la souveraineté et que la réponse serait positive, l'appel au peuple serait ensuite suivi d'une demande formelle de l'Assemblée nationale auprès du gouvernement du Canada d'engager, dans les meilleurs délais, les discussions devant mener à l'accession du Québec au statut d'État souverain et que, dans cette deuxième hypothèse, le Québec offre au reste du Canada l'aménagement d'une union économique gérée par des institutions de nature confédérale. »

RAPPORT ALLAIRE, 1991.

« Cette possibilité de faire campagne pour un retour à la table de négociation, enlèverait la frayeur chez ceux qui sont tentés de dire "non" mais qui pensent dans leur esprit que cela les identifierait à ceux qui prônent l'indépendance du Québec et qui iraient vers le "oui" pour cette raison. »

JEAN-GUY SAINT-ROCH, député libéral pour le Non lors du référendum de 1992.

« Voulez-vous remplacer l'ordre constitutionnel existant par deux États souverains associés dans une union économique, laquelle union serait responsable devant un parlement élu au suffrage universel ? »

ROBERT BOURASSA, proposition de question pour le référendum de 1992.

« La souveraineté telle que nous la concevons est le contraire du repli sur soi. »

JACQUES PARIZEAU, 1994.

« Bien que souhaitable, cette entente de partenariat ne saurait cependant devenir un préalable à la réalisation de la souveraineté. »

PLATE-FORME ÉLECTORALE
DU BLOC QUÉBÉCOIS.

« Les Québécois d'aujourd'hui ne se sentent pas humiliés. Ce dont ils ont besoin, c'est d'un grand changement, de faire un pas en avant pour eux, pas contre les autres. »

LUCIEN BOUCHARD, 1993.

« Notre tâche donc est de convaincre ces Québécois qui ont le goût et la volonté de prendre en main leur destinée qu'il n'y a qu'une façon d'être plus autonome, c'est d'être souverain. »

JACQUES PARIZEAU, 1994.

« On veut un Québec souverain pas seulement pour avoir plus d'ambassades ou moins de fautes de français dans nos conventions collectives ! »

CLÉMENT GODBOUT, président de la Fédération des travailleurs du Québec (FTQ), 1994

« Comment proposons-nous de réaliser la souveraineté ? En étant fidèles aux quatre principes qui guident toute notre action : la volonté, la clarté, la solidarité et la responsabilité. »

JACQUES PARIZEAU, 1994.

« On n'est pas souverainiste pour les fleurs du tapis ou pour le passeport québécois, quoique ce soit important aussi. On est d'abord souverainiste parce qu'on pense que collectivement, on serait mieux. »

LUCIEN BOUCHARD, 1995.

« Plusieurs d'entre vous seront surpris d'apprendre qu'à ce jour, la Constitution canadienne et les institutions canadiennes refusent de reconnaître l'existence des sept millions de

Québécois en tant que nation, en tant que peuple, ou en tant que société distincte. »

JACQUES PARIZEAU, devant l'Institut
France-Amérique, 1995.

« Mais je suis persuadé qu'on peut gagner le référendum et qu'on va le gagner. Cela, j'en suis convaincu. Ce que je dis, c'est que ce ne sera pas un combat facile. »

JACQUES BRASSARD, 1995.

« Tout le monde le sait que je suis souverainiste, mais je le dis pareil. »

PAUL PICHÉ, 1994.

« Pour reprendre l'image initiale, la souveraineté n'est peut-être pas la jeune femme fringante qui faisait tourner les têtes dans les années 1970, mais c'est la même femme. Elle a gagné en noblesse et en grâce ce qu'elle a perdu en naïveté… Il faut la désirer de nouveau. »

MATHIEU-ROBERT SAUVÉ,
journaliste, essayiste et biographe, 1994.

« La souveraineté ne nous appartient pas, nous n'en avons pas le monopole. Nous ne pouvons ni ne voulons la faire seuls. Nous ne pouvons ni ne voulons la définir dans l'isolement, ou en suivant une ligne prédéterminée et immuable. »

JACQUES PARIZEAU, 1994.

« Il y aura toujours un relativement petit nombre de Québécois qui vont sentir que c'est totalement la solution. Et il y aura toujours la totalité des Québécois qui vont un peu sentir que ça peut être la solution. »

DANIEL JOHNSON, Premier ministre
et chef du Parti libéral du Québec,
sur la souveraineté, 1994.

« Deux voies seulement s'offrent au Québec : d'une part, une nouvelle et ultime tentative de redéfinir son statut au sein du régime fédéral et, d'autre part, l'accession à la souveraineté. »

JACQUES PARIZEAU, 1995.

« Nous serons alors souverains. On aura pris notre décision. Le Québec aura tous les pouvoirs. »

JEAN ALLAIRE, sur l'éventualité d'un refus d'entente de partenariat entre le Québec et le Canada, 1994.

« Et la question référendaire fera référence à ces deux éléments : la souveraineté comme un aboutissement certain, le partenariat comme une véritable main tendue. »

JACQUES PARIZEAU, 1995.

« Prêtes à entendre que la souveraineté était un acte de courage et d'efforts, elles ont progressivement été convaincues, avec beaucoup d'autres Québécois, que le pays valait la peine d'un effort. »

FRANÇOISE DAVID, présidente de la Fédération des femmes du Québec, sur la position de ses membres, 1995.

« De la même façon, après m'être sorti du trait d'union de la souveraineté-association, il me faudra un peu de temps pour saisir le contour d'un partenariat qui soit utile, rassurant mais non contraignant. »

JACQUES PARIZEAU, 1997.

« Avec l'arrivée de l'Action démocratique du Québec (ADQ), les gens s'aperçoivent que le référendum n'est pas l'affaire d'un parti, mais d'un pays. »

GÉRARD ASSELIN, député de Charlevoix, sur la coalition tripartite pour le Oui, 1995.

« J'ai d'autres objectifs dans ma vie politique et, entre autres, la souveraineté du Québec. C'est un objectif que je poursuis et je ne vais pas compromettre cet objectif-là en démissionnant même si je ne suis pas d'accord avec une décision du gouvernement. »

JEAN ROCHON, ministre péquiste, sur sa décision de ne pas démissionner pour protester contre la fermeture de l'hôpital Chauveau, 1995.

« C'est comme le gars qui arrive chez lui le vendredi soir en disant : lundi matin, je casse la gueule à mon boss. Puis le lundi matin il lui apporte une bouteille de bière ! »

GILLES PROULX, animateur, 1995.

« Le changement n'a qu'une seule adresse : la souveraineté du Québec. »

JACQUES PARIZEAU, 1995.

« Chrétien n'est pas montrable au Québec. Je vois bien la réaction des francophones du Québec, des souverainistes "mous" : plus il va se montrer, plus il va les repousser dans le camp souverainiste [...]. Les fédéralistes (québécois) n'ont pas le gros joueur avec lui... »

LUCIEN BOUCHARD, 1995.

« Ce n'est pas simple, par les temps qui courent, d'être un souverainiste québécois. Pas mal moins simple en tous cas que d'être un Canadien. Pour être un souverainiste, ça

prend de bonnes raisons, de bons arguments. »

STÉPHANE ÉTHIER, 1995.

« "Statu quo ou souveraineté" : pour les Québécois qui n'aiment pas prendre de décisions, c'est tout un drame ! »

LUCIEN BOUCHARD, 1995.

« En réclamant le gouvernement responsable
pour la colonie québécoise, il voulait ce qu'on
appelle aujourd'hui la souveraineté. En réclamant son maintien dans l'Empire britannique, il proposait une forme d'association
économique et politique, qu'on appelle
aujourd'hui partenariat. »

JACQUES PARIZEAU,
sur Louis-Joseph Papineau, 1995.

« L'offre de partenariat comme donnée
essentielle au projet souverainiste laisse
entendre à la population québécoise que le

projet de souveraineté n'a pas de valeur intrinsèque »

COMITÉ LEFEBVRE, dans le cadre du rapport *Ouvrir le Québec sur le monde*, 1999.

« Voter non (à la souveraineté avec partenariat), c'est avoir peur d'avoir peur. »

MARIO DUMONT, chef de l'Action démocratique du Québec, 1995.

« La fierté passe ultimement par la plus engageante des missions, celle de la souveraineté du Québec. »

NICOLE LÉGER, ministre péquiste, 1996.

« Moi, j'en parle, de la souveraineté. »

JACQUES LÉONARD, ministre péquiste, 1996.

« Il n'y a pas, dans l'option souverainiste, d'un côté la souveraineté, qui est quelque chose de noble et grand, et de l'autre le partenariat puisqu'il le faut. Si on veut faire

adhérer une majorité significative de Québécois à la souveraineté, il faut qu'il y ait un
projet cohérent et attirant de partenariat. »

SYLVAIN SIMARD, ministre péquiste, 1996.

« La souveraineté du Québec ne fait pas partie du problème. Elle est une part incontournable de la solution. »

GÉRALD LAROSE, 1996.

« Si on décide que c'est la souveraineté, ce
sera la souveraineté et on va la réussir. Si on
décide que ce sera autre chose, ce sera autre
chose. Et on va réussir. »

LUCIEN BOUCHARD, 1996.

« La souveraineté du Québec ne se fera pas
contre le Canada, elle se fera pour le Québec
en association avec le Canada. Cette souveraineté apparaît plus que jamais essentielle. »

FRANCINE LALONDE, députée bloquiste, 1996.

« Presque un Québécois sur deux était suffisamment confiant dans les capacités de notre peuple, suffisamment mécontent de la place du Québec au Canada, suffisamment opposé au statu quo canadien, pour voter en faveur de la souveraineté du Québec, assortie d'une offre de partenariat. »

LUCIEN BOUCHARD,
à propos du référendum, 1997.

« Les souverainistes tiennent pour acquis qu'on va finir par gagner en critiquant les politiques fédérales. On ne met pas assez en lumière les avantages de la souveraineté. »

YVES DUHAIME, candidat défait
dans Saint-Maurice, 1997.

« Il y a autre chose qu'il faut faire, je pense que la souveraineté du Québec est la seule solution. »

LUCIEN BOUCHARD, sur la solution de
remplacement à la société distincte, 1997.

« Mais la mission fondamentale, c'est la souveraineté. L'opposition officielle, ce n'est pas notre mandat. Et si on perd ce statut, on ne fera pas de jaunisse avec ça. »

RODRIGUE BIRON, homme politique,
sur le rôle du Bloc québécois, 1997.

« J'ai changé de stratégie : il ne faut pas que la souveraineté du Québec dépende de l'autorisation de qui que ce soit d'autre que le peuple du Québec. »

JACQUES PARIZEAU, 1997.

« La seule différence, advenant la souveraineté du Québec, c'est qu'il y aurait désormais deux gouvernements, en Amérique, investis de la responsabilité politique et morale de protéger et promouvoir, chacun selon ses compétences juridiques, ses capacités et ses habiletés, le fait français sur le continent nord-américain. »

GILLES DUCEPPE,
à l'université de Moncton, 1998.

« Je songe à ce genre d'approche depuis une semaine, soit depuis les déclarations de Jean Charest qui défendait l'accord de Calgary. »

GUY CHEVRETTE, qui songeait à proposer en référendum la souveraineté ou l'Accord de Calgary, 1998.

« En disant non à l'association ou au partenariat, il pouvait affaiblir le soutien à l'option souverainiste. Cette brèche allait être exploitée par les fédéralistes au référendum de 1995, où l'on a centré l'argumentaire sur la négociation d'un partenariat avec le Canada. »

GUY BOUTHILLIER, DENIS MONIÈRE ET PIERRE DE BELLEFEUILLE du Cercle Gérald-Godin, sur le discours souverainiste, 1997.

« Stratégiquement, l'offre de partenariat comme donnée essentielle [...] laisse entendre à la population québécoise que le projet de souveraineté n'a pas de valeur intrinsèque. Promouvoir la souveraineté du Québec sans trait d'union, c'est croire aux vertus de la souveraineté. Le partenariat, politique ou autre avec le Canada, n'est en rien une nécessité. Le partenariat économique défini par l'ALENA nous suffira amplement. »

RAPPORT DE RÉFLEXION RÉDIGÉ PAR LES
PÉQUISTES DE QUÉBEC, 1999.

« La souveraineté du Québec est un objectif fondamental qui avance toujours et jamais ne recule. »

BERNARD LANDRY, 1999.

« Le Québécois, il préfère garder la souveraineté dans sa manche. »

ROBERT BOURASSA, 1998.

« Justement, la souveraineté du Québec est, de toutes les options, la seule qui n'a pas encore été essayée. »

JOSEPH FACAL, ministre péquiste, 2000.

« Je souligne par ailleurs que, même en l'absence d'entente avec le Canada, un Québec souverain serait viable, prospère et ouvert sur le monde. »

GILLES DUCEPPE, 2000.

« Le mot "souveraineté" fait moins peur que le mot "indépendance", et le mot "séparation" fait trembler. En même temps que l'on rêve d'être un jour responsable de soi-même, on veut maintenir un lien, un rapport privilégié avec le Canada. En ce sens, psychologiquement, il y a trente ans, il fallait une "souveraineté-association" de la même manière que de nos jours on cherche une "souveraineté-partenariat". »

JACQUES PARIZEAU, 1997.

« Il faut que le pouvoir devienne aussi un instrument de promotion de la souveraineté. Il faut que ça serve à quelque chose d'être au pouvoir. »

JOSÉE LEGAULT, ancienne conseillère de Bernard Landry, après son licenciement, 2002.

« La souveraineté aussi. Dire que le monde ne veut pas en entendre parler n'est pas très original. Quelqu'un qui n'est pas souverainiste n'a jamais aimé en entendre parler. Mais il faut expliquer et convaincre. »

> PAUL BÉGIN, sur le fait qu'il faille parler davantage de la souveraineté, 2002.

« Les purs et durs n'aiment pas entendre ça, mais la souveraineté est en hibernation. Ils nient la réalité et continuent de rêver au peuple québécois idéal, mais le peuple québécois idéal n'existe pas. Et le peuple québécois réel ne veut pas de la souveraineté. »

> JACQUES BRASSARD, 2002.

« Là aussi il nous manque la volonté de nous prendre en main. »

> PAUL PICHÉ, faisant un parallèle entre la protection des rivières et la souveraineté du Québec, 2002.

« Si le mouvement souverainiste se divise sur le plan politique, ça veut dire qu'on ne réalisera jamais la souveraineté. Nous ne devons pas nous diviser si nous voulons réaliser la souveraineté. »

SERGE MÉNARD,
ministre péquiste, 2002.

« Les résultats, en 1995, n'indiquent pas que les gens ont dit *bye-bye* à la souveraineté : la moitié du Québec était prête à faire une rupture fondamentale, c'est-à-dire la souveraineté du Québec avec ou sans association. »

JEAN-PIERRE CHARBONNEAU, 2002.

Un peuple, un pays

« Qu'on le veuille ou non, le Québec n'est pas une province comme les autres. Il est l'État national des Canadiens français. »

MARCEL CHAPUT, 1961.

« Je ne suis pas convaincu que l'indépendance soit nécessaire, mais je suis convaincu que ça pourrait devenir une nécessité. »

RENÉ LÉVESQUE, 1964.

« Bien que le Québec soit une province faisant partie de la Confédération nationale, il est plus qu'une province, en ce sens qu'il est la patrie d'un peuple : il constitue très nettement une nation dans une nation. »

LESTER PEARSON,
Premier ministre du Canada, 1963.

« Pour que l'on puisse regrouper nos énergies dans le Québec et pour le Québec, il faut sortir du débat constitutionnel. »

RENÉ LÉVESQUE, 1969.

« N'avais-je pas enfin trouvé quoi faire de ma peau et de ma matière grise, de ma gueule et de mes bras, de mon intelligence et de ma sensibilité ? N'avais-je pas enfin trouvé la vie ? »

PIERRE BOURGAULT, sur sa découverte
de l'indépendance, 1973.

« Comme ceux qui sont devenus des grands, on ne se fera plus parachuter des décisions par n'importe qui de l'extérieur ; on prendra la décision qu'on voudra, mais ça va être la décision la plus importante depuis que Champlain a fondé Québec, parce qu'on a toujours été la colonie de tout le monde. »

RENÉ LÉVESQUE, 1978.

«Écoute, moi, dans la politique, il n'y a qu'une chose qui m'intéresse : la souveraineté du Québec. Quand nous aurons obtenu 51 % des voix, je me demanderai ce que j'ai encore à faire.»

YVES BLAIS, député de Masson, 1981.

«Il est préférable d'être des amis séparés que des conjoints ennemis. Car le fond du problème canado-québécois, c'est bien ça. Ça a toujours été ça. Et ce sera toujours ça. La cohabitation forcée, ce n'est pas la solution, c'est le problème.»

DORIS LUSSIER, 1990.

«Qu'on appelle ça souveraineté, indépendance, affirmation nationale ou autrement, l'important pour moi, c'est que je veux que ce territoire appelé Québec appartienne à son peuple.»

YVES BLAIS, 1984.

« Que voulez-vous, le Canada, ce n'est pas un pays, c'est deux pays. Aussi bien le reconnaître juridiquement puisque c'est vrai sociologiquement. Leur séparation n'est qu'un impératif de la réalité. »

DORIS LUSSIER, 1990.

« Longtemps, nous avons essayé de dénouer le nœud gordien. Toutes ces tentatives étaient condamnées, mais nous ne le savions pas tous encore. Chaque échec a grossi le rang de ceux qui finissent par se rendre à l'évidence : le nœud gordien, il faut le trancher. »

LUCIEN BOUCHARD, devant la commission Bélanger-Campeau, 1990.

« La souveraineté n'est pas perçue comme une panacée, mais comme un moyen qui a fait longtemps défaut et dont on a un besoin désormais irrépressible. Bien sûr, il reste la division de la classe politique québécoise. Sans cette division, la souveraineté serait déjà faite. »

FRANCINE LALONDE, 1992.

« Que les autres Canadiens le concèdent ou non, rien ne peut empêcher le Québec d'être une "société distincte", une province différente des autres. »

LÉON DION, 1992.

« Dans ma tête, c'est évident que (l'indépendance) est la seule solution. Alors je vis comme une indépendantiste. J'attends et je trouve cela long. »

LISE PAYETTE, 1993.

« Nous avons la conviction qu'il est de l'intérêt bien compris des communautés de refuser de s'isoler dans une opposition stérile à l'indépendance du Québec. Elles doivent au contraire s'assurer d'être présentes, dans un gouvernement qui présiderait éventuellement à l'accession du Québec à son indépendance. »

MARCO MICONE ET PIERRE GRAVELINE, respectivement dramaturge et éditeur, au sujet des communautés culturelles, 1993.

« Les Québécois veulent vivre normalement. Ils en ont assez de se battre pour des choses élémentaires qui leur sont refusées. »

LUCIEN BOUCHARD, 1994.

« La souveraineté fait partie de notre fibre [...] il y aura toujours un relativement petit nombre de Québécois qui vont sentir que c'est totalement la solution. Et il y aura toujours la totalité des Québécois qui vont un peu sentir que ça peut être la solution. »

DANIEL JOHNSON FILS, 1994.

« Je suis entré en politique parce que je suis convaincu que la souveraineté du Québec est essentielle. »

RICHARD LEHIR, député péquiste, 1994.

« Ça fait partie de notre fibre. Que ça devienne un principe d'action et l'ambition d'un peuple, à l'exclusion de tout ce que ça signifie pour notre prospérité, c'est ça qui est dangereux. »

DANIEL JOHNSON FILS
sur la souveraineté, 1994.

« Les Québécois forment un peuple. »

> Claude Ryan, député libéral,
> le soir du référendum, 1995.

« La souveraineté du Québec est inéluctable. »

> Bernard Landry,
> le soir du référendum, 1995.

« Pourquoi tant de francophones, dans l'Est
de Montréal et dans la région de Québec, ne
reconnaissent-ils pas dans la souveraineté la
pente de leur histoire, le fédéralisme se trou-
vant dans l'impasse ? Pourquoi le Parti
québécois laisse-t-il encore indifférentes et
généralement inquiètes les minorités allophones ? Pourquoi les anglophones, et particulièrement les jeunes bilingues parmi eux,
sont-ils si réfractaires à un projet culturel qui
leur offrirait un défi singulier ? »

> Lise Bissonnette,
> journaliste, romancière et essayiste, 1995.

« Jamais un peuple n'acceptera d'être la simple province d'un autre peuple. »

> BERNARD LANDRY, après l'annonce des résultats du référendum, 1995.

« Sociologiquement, c'est (la souveraineté) incontournable. Même si ça ne passe pas, cette fois-ci ! »

> PAUL ROSE, ex-felquiste et Président de la démocratie socialiste, 1995.

« C'est une chance qui est donnée à notre peuple qu'il puisse manifester "le courage de se choisir" (Jacques Mackay, *Le Courage de se choisir*, L'Hexagone, Montréal, 1983.) au terme d'un débat politique somme toute serein et civilisé. Il faut savoir le reconnaître. Et cette chance, il serait très grave de ne pas la saisir. »

> GÉRALD LAROSE, 1995.

« Il faut arrêter de se faire croire des affaires. J'ai découvert que l'on pouvait nommer les choses dans leur vérité, leur beauté, leur sincérité, que l'on pouvait se dévoiler avec ses faiblesses. À 16 ans, c'était réglé la souveraineté du Québec m'est apparue indispensable. »

PAUL PICHÉ, 1995.

« On est souverainistes avant, pendant et après. »

LORRAINE PAGÉ, présidente de la Centrale des enseignants du Québec (CEQ), sur le référendum, 1995.

« La force politique du Québec au sein du Canada s'efface progressivement. Il faut en sortir. »

JACQUES PARIZEAU, 1995.

« Les Québécois sont tout à fait prêts à voter pour leur avenir. C'est une autre chose par contre si on veut à l'avance décider du choix des Québécois. Je pense que l'on doit respecter les règles démocratiques. »

LUCIENNE ROBILLARD, ministre libérale fédérale, 1995.

« Son intervention dans notre débat est massive, les budgets illimités, les scrupules inexistants. »

> JACQUES PARIZEAU, sur la stratégie du gouvernement fédéral, 1995.

« La lutte pour la libération de notre pays n'est pas une lutte constitutionnelle. C'est une question de vie ou de mort. »

> PIERRE FALARDEAU, cinéaste, 1995.

« Défendre ses intérêts, les promouvoir, ce n'est pas une option ; c'est tout à fait naturel. »

> JACQUES PARIZEAU, 1995.

« Je ne suis pas "négociable" sur l'essentiel. Et l'essentiel, c'est que le Québec se fasse traiter comme une nation, qu'il se traite lui-même comme une nation. Ça veut dire qu'il faut tenir un autre référendum ! »

> LUCIEN BOUCHARD, 1996.

« Cessons d'être défaitistes. Ayons un nationalisme civique ouvert aux autres et solidaire. »

FRANÇOIS SCHIRM, ex-felquiste au sujet du Mouvement Libération National du Québec (MNLQ), 1995.

« Pourquoi faire l'indépendance du Québec si c'est pour devenir le Canada numéro 2 ? »

PIERRE VALLIÈRES, 1995.

« Au sujet de la question nationale, on pourrait dire que n'importe quel groupe humain, les ouvriers, les nations, les minorités, les pays, a un intérêt politique fondamental qui est de subsister et de se constituer de manière durable, efficace, qui protège ses membres contre l'infériorisation, contre l'exploitation, contre l'oppression. En ce sens, la question du Québec est tout simplement une question de vie ou de mort. »

PIERRE VADEBONCŒUR, essayiste, 1995.

« Ceux qui luttent contre l'indépendance du Québec favorisent, consciemment ou inconsciemment, avec bonne ou mauvaise foi, la disparition de leur peuple. »

GUY BERTRAND, avocat, 1996.

« Les bornes sont dépassées. Tendre l'autre joue, encore et toujours, serait manquer de respect à tous les combattants historiques de la cause nationale et à tous nos descendants. »

RAYMOND VILLENEUVE, 1997.

« Il est clair que nous agirons, nous parlerons. Dans les semaines qui viennent, cette offensive contre les Québécois va trouver un gouvernement déterminé à se faire le défenseur farouche des droits du Québec. »

JACQUES BRASSARD, 1997.

« Le choix est maintenant clair, prendre le Canada tel quel ou nous donner notre propre pays. »

GILLES DUCEPPE, après l'élection fédérale, 1997.

« Je suis là pour faire la souveraineté du Québec d'abord et avant tout. Ma motivation première c'est celle-là. Parce que vous dire que c'est facile, vous dire que c'est simple, non. C'est dur de faire de la politique par les temps qui courent. »

LOUISE BEAUDOIN, ministre péquiste, 1997.

« Pour le Bloc québécois, la souveraineté est une certitude. C'est la progression normale d'un peuple vers sa pleine affirmation. Nous sommes plus près que jamais de notre but. »

GILLES DUCEPPE, 1997.

« La seule solution demeure la souveraineté du Québec. Mais en attendant, ce ne serait pas une mauvaise affaire d'avoir cette protection-là »

LUCIEN BOUCHARD, 1998.

« Bref, ne pas avoir de pays, me semble-t-il, est déjà une injustice sociale. Corrigeons celle-là puisque l'occasion se présente à nouveau. »

BRUNO ROY, 1998.

« Il n'est pas question qu'on évite les questions parce que c'est un sujet sensible qui a une résonance politique. On a trop de témoignages qui nous disent que ce pays n'est pas un pays normal. La question linguistique englobe évidemment des réalités très diverses. »

GÉRALD LAROSE, à la première journée des audiences publiques sur la langue, 2000.

« La souveraineté est ancrée profondément dans le Québec, dans son histoire, dans la volonté des Québécois de se donner un pays. »

GILLES DUCEPPE, 2000.

« C'est le seul projet qui promet un certain avenir aux Québécois. »

PIERRE VADEBONCŒUR, 2000.

« On est un peuple qui a été tellement opprimé. Comment peut-on, au cours des années, penser qu'Ottawa et les autres provinces vont nous faire un cadeau à un moment donné ? »

ARMAND VAILLANCOURT, sculpteur, 1999.

« Ce cheminement démontre que nos efforts portent fruits et, en tout respect de nos compatriotes et de leur rythme, nous allons régler la question nationale québécoise de la seule façon dont elle peut être réglée. »

BERNARD LANDRY, 2001.

« Je suis de ceux qui pensent qu'il faut conserver l'objectif de la souveraineté du Québec, parce que toutes les tentatives de renouvellement du fédéralisme ont échoué. »

LOUISE BEAUDOIN, 2001.

« Je sens avec une urgence, plus urgente même qu'à mes 20 ans, la nécessité de la souveraineté. »

LOUISE HAREL, 2001.

« Mon allégeance nationale est québécoise. Mon territoire d'appartenance est le Québec, foyer d'un peuple de culture et de langue française dont j'entends promouvoir la souveraineté. »

GILLES DUCEPPE, 2000.

« C'est le cadenas diplomatique dont la clef se trouve dans les mains de la population du Québec. »

LOUISE BEAUDOIN, à propos du ministre fédéral Pierre Pettigrew qui ne voulait pas révéler les documents concernant le libre-échange du Sommet des Amériques, 2001.

« Je ne pense pas que le problème est que l'on n'en parle pas assez. La souveraineté se fera quand le peuple québécois se sentira prêt. »

JOSEPH FACAL, sur la souveraineté, 2002.

« Le destin national du Québec, il est entre les mains de la population du Québec. »

BERNARD LANDRY, 2002.

« C'est pas vrai que c'est la population qui va nous dire ce que nous devons faire. »

PAUL BÉGIN, ministre péquiste, 1998.

La langue de chez nous

« Vous riposterez que le français est tout de même langue officielle. Vous avez tort. Ou du moins, vous n'avez que partiellement raison. Le français est, avec l'anglais, officiel au Québec – ce qui en fait la seule province bilingue, au Parlement d'Ottawa, et dans les cours de justice fédérale. »

MARCEL CHAPUT, 1961.

« Tous les peuples normaux parlent leur langue ; ils ne sont pas obligés d'en parler tout le temps. »

RENÉ LÉVESQUE, 1970.

« On parle aisément de la dureté de la loi 101, mais on oublie trop facilement qu'il s'agit là d'un compromis arraché de haute lutte par

M. Lévesque à des partisans qui auraient voulu qu'on aille beaucoup plus loin. »

PIERRE BOURGAULT, 1971.

« À ce peuple, qui inaugurera demain une nouvelle ère de son histoire, je dis en terminant qu'il a bien mérité de lui-même, qu'il doit maintenant se faire pleinement confiance et qu'il est désormais en mesure de se préparer des lendemains qui chantent. »

CAMILLE LAURIN, 1977.

« Pour moi, être obsédé par la question de la langue, c'est presque comme ne pas être indépendantiste. Parce que j'ai confiance dans l'avenir, je pense qu'il faut toujours faire attention à ne pas s'isoler culturellement. Si je ne croyais pas à l'indépendance, si j'étais résigné à demeurer une province, là, je mettrais des barrières solides, je dirais : au moins, prolongeons la survivance, et je ferais de la Wallonie multipliée par deux s'il le faut. On se barricaderait derrière tous les remparts possibles. »

RENÉ LÉVESQUE, 1977.

« À sa manière, en effet, chaque affiche bilingue dit à l'immigrant : "Il y a deux langues ici, l'anglais et le français ; on choisit celle qu'on veut". Elle dit à l'anglophone : "Pas besoin d'apprendre le français, tout est traduit". »

RENÉ LÉVESQUE, 1982.

« À vingt-cinq ans, quand j'ai commencé à réfléchir sur ces propos et leur signification, je trouvais normal que la notion d'instruction ou de culture soit assimilée au fait de savoir la langue de l'autre, mais de se prendre pour un autre, avoir honte de soi, m'apparaissait comme le boutte de la marde. »

GASTON MIRON, poète, publié dans
L'Homme rapaillé, 1993.

« Ce qui est menacé, c'est la permanence de la culture française. Le fond, le vrai fond du problème québécois, il est là. »

DORIS LUSSIER, 1990.

« Il ne peut y avoir que lutte. La lutte des langues est une lutte à finir, et c'est la lutte de libération nationale du peuple québécois. »

GASTON MIRON,
dans *L'Homme rapaillé*, 1993.

« Je me sens mal à l'aise qu'on soit forcé de défendre la langue française par les lois 101 et 178 (sur l'affichage). J'ai été élevé dans une région où le bilinguisme n'existait pas et où personne n'apprenait l'anglais. »

LUCIEN BOUCHARD, 1991.

« Il va falloir trouver le moyen de parler le français beaucoup mieux qu'on le parle et aussi d'apprendre à parler l'anglais. »

LUCIEN BOUCHARD, 1991.

« Vous savez, la plupart des anglophones ont accepté l'idée de l'indépendance du Québec. Ils attendent un plan, une décision et ne songent pas forcément à quitter le pays. En réalité, la loi 101 ce n'est pas pour les anglophones, c'est pour les francophones : c'est votre problème.»

MARIANNE ACKERMAN, journaliste
à la *Gazette* et dramaturge, 1992.

«Or, s'il y a effectivement un exode important (c'est-à-dire le départ de 200 à 300 000 Anglo-Québécois), la part démographique de la minorité anglophone va diminuer gravement – avec le résultat que ça va devenir de plus en plus difficile de justifier le maintien d'institutions anglaises au Québec.»

RICHARD MARTINEAU, journaliste, quant à un
éventuel exode d'Anglo-Québécois, 1992.

«Aucune modification ne doit être apportée au visage français du Québec. La volonté politique du prochain gouvernement doit s'éloigner de l'attitude du Parti libéral. L'indépendance demeure le meilleur moyen de réaliser tous nos projets.»

CAMILLE LAURIN, après un colloque
portant notamment sur la défense
de la langue française, 1993.

« Par son unilinguisme, la loi 101 reproduit les effets de la dynamique naturelle en faveur du français que nous apportera sans doute l'indépendance, elle l'annonce et la prépare dans les esprits. C'est une loi futuriste ! Elle fait comme si le Québec était déjà un pays souverain. »

Yves Beauchemin, 1993.

« Dans le même esprit, on encouragea des groupes de pression à instiller aux Québécois de langue française un sentiment de culpabilité pour avoir en s'affirmant indûment par la loi 101 "porté atteinte aux droits fondamentaux de la minorité anglophone". »

Claude Morin, 1998.

« Pourquoi veut-on un Québec indépendant ? Pour mieux vivre en français. Si tous les Québécois étaient anglophobes, on conviendrait avec moi que l'on discuterait de bien des choses… sauf d'indépendance ! »

Yves Beauchemin, 1993.

« Il faut préserver tout cela. Ce n'est pas parce qu'on construit une société francophone que cela va disparaître, même de la mémoire. »

JACQUES PARIZEAU, sur la diversité culturelle montréalaise, 1994.

« La chute de la natalité, commencée il y a trente ans, les force aujourd'hui à compter de plus en plus sur l'intégration des immigrés pour maintenir leur poids démographique. Mais ils doivent garder à l'esprit que ces derniers n'adopteront jamais une langue qui recule. »

YVES BEAUCHEMIN, au sujet des Québécois, 1993.

« Il faut traiter notre langue comme elle le mérite, car c'est elle qui forge notre identité. En effet, c'est notre culture française qui nous distingue comme peuple. Nous sommes un peuple culturel. »

GILLES PELLETIER, comédien, 1995.

« Je demeure convaincu que le seul critère important quant à l'orientation du vote sur la souveraineté, c'est la langue. Ce n'est ni la race, ni la couleur ; c'est la langue. Je connais beaucoup de souverainistes d'origine haï-tienne alors que je n'en connais aucun chez les Jamaïcains… »

JACQUES PARIZEAU, 1997.

« C'est le Parti libéral du Québec qui a adopté la loi qui déclare le français seule langue officielle au Québec. Il y a là quelque chose de très profond qui dépasse l'esprit partisan des partis politiques. Un appétit d'une société qui, dans son évolution, veut vivre en français. »

JACQUES PARIZEAU, 1994.

« S'il y a la souveraineté du Québec et que l'on trouve que les Canadiens anglais se vengent sur les francophones hors Québec, ce qui est arrivé, nous ne nous vengerons pas sur les anglophones du Québec. Ils ont des droits et on va les respecter. Ce sont des Québécois et on va les traiter comme tels. »

LUCIEN BOUCHARD, 1994.

« Les Québécois sont bien placés pour apprécier la valeur de cette victoire et l'importance de préserver la langue que nos ancêtres nous ont léguée. »

Jacques Parizeau, 1994.

« Si nous ne voulons pas former un pays francophone, alors assimilons-nous pour obtenir tous les avantages des pays anglophones. Le choix m'apparaît clair. »

Benoît Dutrisac, journaliste et animateur, 1995.

« Le nationalisme québécois serait condamnable s'il voulait imposer aux immigrants les coutumes ou la religion traditionnelles des Canadiens français ; mais, qu'en est-il de la langue française elle-même, comme dénominateur culturel commun, condition nécessaire de la communication, de l'échange entre les cultures ? »

Gérard Bouchard, professeur au département de sciences humaines à l'université du Québec à Chicoutimi, 1995.

« Mais mon instinct, et mon instinct seulement, me dit que le français serait mieux
servi dans un Québec indépendant. »

MONIQUE PROULX, 1995.

« Dans sa croisade en faveur des langues
officielles, M. Trudeau a créé un énorme
malentendu entre nos deux peuples. Il a fait
croire au Canada que l'adoption du bilinguisme institutionnel allait régler le problème québécois. »

LUCIEN BOUCHARD, 1996.

« L'objectif de préserver le visage français du
Québec est maintenant accepté par la quasi-
totalité des Québécois. Les infractions pourraient être rapidement corrigées si le gouvernement en démontre la volonté aussi
souvent et fermement qu'il se doit et fournit
à cet égard des moyens plus efficaces que
ceux dont il dispose actuellement. »

CAMILLE LAURIN, 1996.

« Je l'ai dit et je le répète : Montréal est et sera une métropole nord-américaine franco-phone, avec une composante anglophone essentielle qui façonne son histoire, son identité, sa culture et son avenir. Une métro-pole francophone qui est le cœur du Québec moderne et qui bat au rythme des cultures du monde. »

LUCIEN BOUCHARD,
lors de son discours inaugural, 1996.

« Il ne doit pas y avoir d'hésitation. Le fran-çais doit être la langue commune et la langue des immigrants, ce qui n'empêche pas que l'on puisse parler deux ou trois langues, puisqu'il faut non pas voir le Québec dans un contexte uniquement nord-américain, mais de deux Amériques. Vu sous cet angle, l'espagnol est la langue la plus parlée. »

JACQUES LÉONARD, 1996.

« Ayant participé à l'élaboration de la loi 101, je suis d'accord pour qu'il existe des mesures de protection sérieuses. Mais l'essentiel n'est pas là. L'essentiel est dans la qualité de la langue que nous parlons. Or, cette langue s'est singulièrement détériorée. Il faut dire les choses comme elles sont : si nous ne pouvons pas faire un effort collectif de restauration de la langue, on aura beau dresser des barrières tout autour, on ne sera pas beaucoup plus avancés. »

FERNAND DUMONT, 1996.

« La souveraineté est la seule solution à la protection du français. »

RODRIGUE BIRON, 1997.

« Les Irlandais, par exemple, ont perdu leur langue et ont gardé leur sentiment national, ont fondé un État, alors qu'ils parlaient anglais, avec un peu de gaélique dans les coins reculés. Je suis absolument d'accord pour défendre la langue française, ne serait-ce que pour la diversité des cultures, [...] mais ce n'est pas la seule chose qui importe. »

PIERRE VADEBONCŒUR, 2000.

« Le français est aussi menacé au Québec qu'en 1988, et il l'est encore plus avec la mondialisation de l'économie. Il ne faut pas être un scientifique des fusées pour voir cela. »

LUCIEN BOUCHARD, 2000.

« Quand je parle de la loi 101 avec des anglophones, ils me prennent pour un séparatiste. Ils prétendent apprécier le fait français, mais ne veulent ni le reconnaître, ni le protéger. »

NEIL BISSOONDATH,
romancier et nouvelliste
d'origine indienne, 1995.

« Nous sommes des Américains qui parlent français. »

LOUISE BEAUDOIN,
à la télévision française, 2001.

« Je ne parviens toujours pas à comprendre comment le débat linguistique en est venu à dévier vers la quantification comparée des souffrances du peuple juif et l'intolérance que manifesteraient des citoyens québécois en ne votant pas pour la souveraineté du Québec. »

Lucien Bouchard,
à propos de l'affaire Michaud, 2001.

Une culture fleurdelisée

« Quant à la culture française dont on se gargarise, elle risque de se dégrader en même temps que s'abîme l'instrument de cette culture, la langue française. »

RENÉ LÉVESQUE, 1966.

« Il se trouve que des deux cultures canadiennes, c'est évidemment la française qui est la plus menacée dans le contexte nord-américain. »

DANIEL JOHNSON, 1967.

« En fait, il n'y a pas un milieu québécois ; il y en a deux au point de vue de la culture et de la langue. Il y a le milieu francophone et le milieu anglophone. »

RENÉ LÉVESQUE, 1968.

« Est-il un peuple au monde que l'histoire ait si longuement refoulé dans la demi-vie velléitaire d'une dépendance juste assez bien nourrie pour qu'on s'y habitue ? »

RENÉ LÉVESQUE, 1973.

« Si quelques attardés rêvent encore d'un sang pur canadien-français, considérons-les tout bonnement comme des délinquants intellectuels ! Mais il m'apparaît injuste de réfuter le séparatisme actuel en le taxant des péchés du racisme et de l'intolérance ethnique. Il convient plutôt de l'étudier comme une expression de la culture des Canadiens français, en mal d'une plus grande homogénéité. »

HUBERT AQUIN, 1962.

« Il est évident qu'un peuple, une société déracinée, qui perd contact avec son passé, risque beaucoup de ne pas savoir quoi faire de son avenir parce que, si on ne sait pas d'où l'on vient, on a de vastes chances de ne pas savoir où l'on doit aller. »

RENÉ LÉVESQUE, 1977.

« Je trouverais dommage – et lâche – que la nation québécoise consente à disparaître bêtement et à se retrouver bientôt au décrochez-moi-ça de l'histoire, alors qu'elle peut, si elle le veut, se faire un pays intéressant et original dans cette prodigieuse Amérique à laquelle il manquerait quelque chose de beau si n'y brillait plus en son Nord si grand la perle de culture française que serait le Québec. »

DORIS LUSSIER,
quant au droit de se suicider, 1990.

« Pour moi, la culture, c'est extrêmement important. Ça englobe même l'économie. Un gouvernement souverainiste qui ne ferait pas le plus grand cas de la culture manquerait le bateau… »

LUCIEN BOUCHARD, 1992.

« La poésie des années 80 fait comme si le Québec existait, que le référendum avait été gagné. »

ANDRÉ BROCHU, poète, romancier
et nouvelliste, 1994.

« Qu'on le veuille ou non, on ne fera pas la souveraineté uniquement pour des raisons économiques. Ce qui nous donne d'abord l'envie de faire un pays avec le Québec c'est le partage d'une culture et d'une langue qui sont françaises en Amérique du Nord. Je veux qu'on en parle. »

MARIE MALAVOY, ministre péquiste, 1994.

« Nous avons besoin d'une transformation profonde, presque d'une révolution, et je la situe avant tout dans la culture du peuple. »

CLAUDE E. FORGET, ancien ministre de la Santé dans le deuxième gouvernement Bourassa, 1995.

« Oui, on a survécu mais, à mon avis, on ne s'est pas développés. Il serait très difficile de trouver une société extrêmement créatrice sur le plan culturel qui ne le serait pas aussi sur les plans politique et économique. »

FERNAND DUMONT, 1996.

« Gens de ce nouveau pays, nous nous reconnaissons des devoirs moraux de respect, de tolérance et de solidarité les uns envers les autres. »

> Déclaration de souveraineté du Québec dévoilée par GILLES VIGNEAULT ET MARIE LABERGE, au Grand Théâtre de Québec, 1995.

« Le résultat est signé de l'échec d'un système d'éducation qui a vidé l'école publique de son contenu culturel et de l'enseignement de l'histoire, qui a accueilli les nouveaux venus depuis vingt ans mais commence à peine à se pencher sur leur véritable intégration. »

> LISE BISSONNETTE, 1995.

« La devise du Québec n'est pas vraiment "Je me souviens" mais "La charrue avant les bœufs". On a fait une culture avant le pays qui vient avec. Il faudrait prendre le bœuf et le mettre en avant de la charrue ! »

> JEAN-CLAUDE GERMAIN, comédien, 1995.

« Notre culture nous chante, nous écrit et nous nomme à la face du monde. Elle se colore et s'accroît de plusieurs apports. Il nous importe de les accueillir, pour que jamais ces différences ne soient considérées comme menaces ou objets d'intolérance. »

> Déclaration de souveraineté du Québec dévoilée par GILLES VIGNEAULT ET MARIE LABERGE, au Grand Théâtre de Québec, 1995.

« Nous avons à cœur que le goût des commencements, l'intuition de la beauté, l'enthousiasme d'appartenir et le sens d'exister, tout cela fonde le projet d'une souveraineté qui, pour être économique et politique, devra se définir d'abord et avant tout comme étant culturelle. »

> ACADÉMIE DES LETTRES, 1995.

« Moi, je leur disais qu'il fallait dissocier Parti québécois et souveraineté. Durant les dernières années, j'ai senti, dans mon propre parti, qu'il était difficile de parler de culture. Je leur ai dit qu'ils erraient en pensant que ce milieu nous était inconditionnellement acquis. »

ANDRÉ BOULERICE, sur le manque d'engagement des artistes, 1995.

« Un des premiers gestes de Nelson Mandela, lorsqu'il devint président de l'Afrique du Sud, fut d'ordonner la création d'un musée de l'Apartheid. Afin qu'on n'oublie pas. La mémoire est le fondement de la sagesse. La connaissance du passé permet d'éviter ses répétitions malheureuses. »

YVES BEAUCHEMIN, 1995.

« S'il est vrai, comme le monde entier l'a compris le 30 octobre dernier – et comme l'ont enfin compris un grand nombre de Canadiens – s'il est vrai, donc, que le peuple québécois existe, il est vrai aussi que ce peuple a une âme. Cette âme se doit d'être nourrie, métissée, enrichie, contestée, bousculée, réinventée. Et cela ne peut se faire que par la culture et par l'éducation. Et cela ne peut se faire que par la culture dans l'éducation. »

> Lucien Bouchard, discours
> d'assermentation comme
> Premier ministre, 1996.

« Tout indique qu'ils se conçoivent, et c'est leur droit, comme faisant partie d'une nation anglophone qui déborde le Québec ; ce qui explique leur attachement au Canada et le peu d'attirance qu'exerce le projet souverainiste sur la très grande majorité d'entre eux. En leur garantissant, avec raison et en vertu de droits historiques, un système scolaire et des services de tous ordres qui leur soient propres, ne leur reconnaît-on pas explicitement une culture distincte de la culture francophone ? »

> Fernand Dumont, 1997.

« Une nation qui se souvient est une nation dont la vigueur ne peut que s'accroître. »

> Josée Legault, 1997.

« En renonçant à prendre en charge leur destin, les Québécois ont écarté la possibilité de se construire une culture qui leur soit propre, une identité collective, ce qui ne peut se faire qu'au long des siècles et sans domination étrangère. »

ANDRÉ D'ALLEMAGNE, membre fondateur du Rassemblement pour l'indépendance du Québec, 1998.

« S'il y a un danger de folklorisation de la culture québécoise, c'est lorsqu'elle est méprisée par un tas de gens, des intellectuels, des journalistes… Pour renverser cette tendance, il faut revenir à une approche visant à illustrer ce qu'on est. Sinon, c'est un peu se renier soi-même. »

LOUIS CORNELLIER, chroniqueur au *Devoir*, 1997.

« Pour ma part, il m'a toujours paru évident que, selon la plupart de ses promoteurs, la souveraineté apporterait un indispensable support politique à la vitalité d'une culture francophone.»

Fernand Dumont, 1997.

«Dans le même esprit, les aspirations nationales visent beaucoup plus que la survivance de la langue française. L'enjeu s'étend à une culture et à une société à mettre en œuvre. En somme, la langue ne tient pas lieu de culture mais elle en dresse le lit. La culture québécoise sera faite de la conjugaison (en français) de la mosaïque actuelle, d'où émergera à la longue une nouvelle configuration collective.»

Gérard Bouchard, 1999.

«Les Québécois doivent comprendre qu'il n'est pas normal que notre esprit soit habité par des cultures qui viennent d'ailleurs, des États-Unis, de France…»

Louis Cornellier, 1997.

« Je n'aurais jamais cru que dans la colonie artistique du Québec, les conversions à la thèse de Stéphane Dion voulant que le projet de pays soit tombé en désuétude se multi-plieraient. Ça fait désormais "très tendance", chez nos artistes, que de tourner le dos au combat indépendantiste. »

JACQUES BRASSARD, 2003.

« Je suis davantage déçu de moi-même, parce que je ne suis pas arrivé à écrire de chanson rassembleuse au point d'y faire croire. »

GILLES VIGNEAULT, 2000.

« Officiellement, le gouvernement fédéral reconnaît l'existence de la culture québécoise depuis le printemps 1999, mais comme com-posante régionale de la culture canadienne. »

GILLES DUCEPPE, 2000.

Tombés dedans

«Il faut admettre que tous les Canadiens français ont dans leur sang quelques gouttes de "séparatisme". Nous en avons tous une quantité plus ou moins grande, mais nous en avons sûrement.»

RENÉ LÉVESQUE, 1961.

«Un pays, c'est plus qu'un pays et beaucoup moins, c'est le secret de ma première enfance.»

TINAMER, personnage de *L'Amélanchier* de Jacques Ferron, 1970.

«Le nationalisme existera toujours au Québec. C'est une manière de vivre et un moyen de survie.»

LUCIEN BOUCHARD, 1988.

« En 1963, quand j'ai fondé et trouvé le nom FLQ, je voulais que les choses débloquent plus rapidement. »

RAYMOND VILLENEUVE, 1995.

« L'indépendance, moi, j'chus pour ! Toute ma vie, toute mon œuvre, tournent juste autour de ça ! Ça n'a pas été un *bag* pour moi, une mode ! »

PIERRE FALARDEAU, 1995.

« Voilà pourquoi de temps à autre je sors ma fleur de lys. Elle est de taille raisonnable, je la contemple parfois avant de me mettre au lit. Une question de santé. »

GILLES ARCHAMBAULT, 1999.

« Très jeune à Baie-Comeau, on nous apprenait à l'école la très malheureuse histoire de nos frères francophones qui vivaient en dehors du Québec. Même à cet âge-là, nous savions qu'une injustice avait été commise. Nous ne savions ni pourquoi ni comment, mais nous savions que certaines règles fondamentales – dont nous Québécois, anglophones comme francophones, jouissions – avaient été enfreintes. »

BRYAN MULRONEY, 1997.

« Je suis un indépendantiste et depuis fort longtemps. Ça fait 50 ans que j'y réfléchis. Ces temps-ci, je souhaite que le sens du risque et du courage revienne aux Québécois. Ne serait-ce que par respect pour leurs ancêtres qui ont accompli de si belles choses et qui nous ont conduits où nous sommes en ce moment. »

GILLES VIGNEAULT, 1995.

« Plusieurs ont embarqué dans le *bag* nationaliste, ou maoïste, ou léniniste, en suivant le courant. Leur engagement, c'était pas très profond. Ils ont soulevé les foules avec des textes et des chansons indépendantistes, puis après, ils sont allés chercher leur médaille de l'Ordre du Canada, leur grosse job à Ottawa, ou leur numéro bien payé aux shows du 1er juillet ! »

PIERRE FALARDEAU, sur les artistes, 1995.

« Je ne suis pas un débutant en politique. Je voudrais cependant partir avec la réalisation du rêve que j'ai toujours eu : celui de la souveraineté du Québec. Il s'agit maintenant de savoir si je serai plus utile au fédéral ou au provincial à court terme avec des élections et un éventuel référendum qui s'en viennent. »

> GUY CHEVRETTE, ministre, alors qu'il
> évoquait la possibilité de se présenter
> à la course au leadership
> du Bloc québécois, 1996.

« Je ne me souviens pas d'avoir été autre chose qu'un souverainiste. »

> DENIS PERRON, député de Duplessis, 1996.

« Jusqu'à l'âge de 37 ans, j'étais fédéraliste. J'ai fini par me rendre compte que le système n'allait pas. Sommes-nous tous nés avec une étiquette dans le front ? C'est très fatigant. »

> JACQUES PARIZEAU, 2000.

« Jusqu'à mon dernier souffle, je dirai Québec libre ! »

RAÔUL DUGUAY, auteur-compositeur-
interprète et poète, 2002.

« J'y ai toujours cru et j'y crois encore. Je veux participer à ce nouveau pays. »

NORMAND JUTRAS, ministre péquiste, 2002.

Une minorité visible

« Deux nations dans un même pays, cela veut dire aussi qu'en réalité il s'agit de deux majorités, de deux "sociétés complètes" et bien distinctes tâchant de s'entendre à l'intérieur d'un cadre commun. »

RENÉ LÉVESQUE, 1968.

« Les francophones doivent s'unir et se passer de l'appui de la minorité anglophone du Québec, sauf pour l'élément jeune de ce groupe qui est disposé à marcher la main dans la main avec nous. »

RENÉ LÉVESQUE, 1970.

« En 1867, les Canadiens français étaient déjà en minorité et ils n'ont cessé depuis de décroître en pourcentage. La revanche des berceaux qui a produit mieux que du cent pour un ne réussira certainement plus à contrebalancer les gains de l'élément anglo-phone. »

MARCEL CHAPUT, 1961.

« Je ne vois pas pourquoi, dans un Québec souverain, et c'est notre programme, un peuple qui est chez lui, qui est sûr de lui, ne permettrait pas à une vieille minorité de ses concitoyens de garder l'essentiel de leur culture et en particulier leurs écoles… en attendant d'ailleurs que, peu à peu, mais d'une façon civilisée, ils soient intégrés à notre société (puisque ce serait notre société) et éventuellement assimilés d'une façon humainement acceptable. »

RENÉ LÉVESQUE, 1969.

« C'est une victoire qui, sans doute, n'est pas spectaculaire, mais qui montre qu'avec un peu de lucidité et de courage, on peut se débarrasser des signes de colonialisme qui couvrent le territoire de notre pays. »

PIERRE BOURGAULT, sur la signalisation routière canadienne qui fut changée pour la signalisation routière internationale, 1963.

« Nous avons eu l'impression, presque constamment au cours de notre histoire du dernier siècle, d'être en quelque sorte une colonie intérieure dont on tolérait la "différence" à condition qu'elle fût résignée à son sort et à l'infériorité collective qu'il lui imposait. »

RENÉ LÉVESQUE, 1970.

« Le Québec s'en va littéralement au diable et, [...] à moins d'un sursaut national à brève échéance, c'est un avenir minoritaire, ici même, chez nous, qui nous attend. »

RENÉ LÉVESQUE, 1973.

« Pour le Québec, 1970 a marqué le début d'une décennie décisive au cours de laquelle cette communauté de six millions d'habitants, vieille de près de quatre siècles, accédera à la souveraineté politique pour devenir le deuxième pays francophone en importance dans le monde, ou s'intégrera définitivement au tout canadien, y acceptant un simple statut de minorité ethnique. »

RENÉ LÉVESQUE, 1972.

« Bien loin de s'enfermer dans des frontières rigides, aujourd'hui, parce qu'ils existent, ils peuvent faire sauter leurs frontières et s'épanouir au rythme de l'univers, sans toujours craindre de disparaître dans le courant colonialiste. C'est cela être "maîtres chez soi". »

PIERRE BOURGAULT, 1963.

« Pour un petit peuple comme le nôtre, sa situation minoritaire sur un continent anglo-saxon crée déjà une tentation permanente de ce refus de soi-même, qui a les attraits d'une pente facile, au bas de laquelle se trouverait la noyade confortable dans le grand tout. »

RENÉ LÉVESQUE, 1968.

« Pour ce qui est de la majorité francophone, je ne crois pas exagérer en disant que [...] c'est une société fondamentalement tolérante, portée à l'expression directe de sa pensée, mais aussi encline à insister pour que, dans tout changement, la continuité soit respectée. »

RENÉ LÉVESQUE, 1980.

« La souveraineté provoque dans les milieux d'affaires anglo-canadiens une émotivité certaine. C'est la réaction normale de la majorité dominante, qui s'indigne de cette contestation de ses droits et privilèges traditionnels. »

RENÉ LÉVESQUE, 1978.

« La lutte pour la survivance est le seul avenir possible pour un peuple minoritaire et cette situation ne permet pas de participer pleinement à l'expérience humaine parce qu'elle nous enferme dans une logique de la récrimination et oblige au repli sur soi. »

DENIS MONIÈRE, 1995.

« Par notre langue, nous sommes d'ailleurs des étrangers pour l'Amérique, ils n'entretiennent pas la moindre idée que nous devrions même exister. [...] Idéalement nous n'existons pas. »

PIERRE VADEBONCŒUR,
au sujet des « plus forts », 1995.

« Le Canada ne peut pas être mon pays, car il ne me permet pas d'être moi-même et restreint ma liberté en m'imposant le statut de minorité. »

Denis Monière, 1995.

« Ce qui arriverait en demeurant dans le Canada, ce qui arrive, ce qui a constamment tendance à arriver, c'est la domination d'une partie sur l'autre. Historiquement, ça a été cela, le Canada. »

Pierre Vadeboncœur, 1995.

« Les membres de cette communauté appartiennent d'abord à la majorité canadienne-anglaise et ne veulent d'aucune façon être une minorité ici. Ils représentent un peu moins de 10 pour cent de la population du Québec. »

Jacques Parizeau, 1994.

« Sommes-nous québécois, ou simplement des minoritaires francophones dans la prétendue mosaïque canadienne, sur le même pied que les Italiens ou les Ukrainiens, à cette différence près que nous prétendons garder notre langue, pour quelques années encore ? »

PIERRE DE BELLEFEUILLE,
ancien député, 1995.

« Faudra-t-il consentir que, seul de son espèce, ce peuple aura préféré conjuguer au conditionnel passé son rêve avorté et au futur son trop prévisible malheur ? »

JEAN-MARC LÉGER, 1993.

« Car si on se dit non, on sera de nouveau condamnés à la stratégie de la survivance, au repli défensif pour tenter de protéger notre langue et notre culture avec les moyens du bord : ceux d'une province, ceux d'un peuple non reconnu, d'un peuple condamné à être de plus en plus minoritaire, avec tous les risques que comporte le statut minoritaire. »

JACQUES PARIZEAU, 1995.

« Et, pour la première fois, nous serons conviés à choisir très clairement le cadre politique dans lequel nous voulons que notre société distincte évolue : une province canadienne de plus en plus minorisée et non reconnue pour sa spécificité ou un pays québécois plus petit mais complètement maître de son destin. »

JEAN-PIERRE CHARBONNEAU, 1994.

« Nous sommes une minorité déclinante, et les immigrants n'ont pas le goût de s'intégrer à une minorité. Seule l'indépendance peut renverser cette tendance. »

YVES BEAUCHEMIN, 1995.

« Cette fois-ci, ce n'est pas une dernière chance que l'on donne au Canada, mais plutôt une première chance que nous nous donnons de bâtir un pays où enfin nous serons majoritaires. »

PIERRE BOURGAULT, 1995.

« Que demande-t-on aux Québécois en cette précampagne référendaire? D'annuler les effets d'un désastre historique – la conquête anglaise de 1759. Cette conquête a eu deux effets : notre mise en tutelle par Londres ; le début de notre mise en minorité. »

YVES BEAUCHEMIN, 1995.

« Un Québec souverain, sûr de lui-même comme de sa culture, pourra faire de la cohabitation de sa majorité francophone et de sa minorité anglophone une source d'enrichissement toujours plus prometteuse. »

JACQUES PARIZEAU, 1997.

« Mais il faut se rappeler qu'il n'y a aucun intérêt à être minorisé, et il n'y a qu'une seule façon de ne pas l'être, c'est d'assurer l'indépendance du Québec. »

ROBERT PERRAULT, 1999.

« Un peuple, quel qu'il soit, que ce soit une minorité noire, ou la minorité juive, ou d'autres minorités, comme les Amérindiens, et même les minorités sociales, majoritaires en nombre, mais minoritaires en pouvoir qu'étaient les ouvriers, toutes ces minorités-là, toutes ces entités doivent avoir une force. Autrement, elles se font avaler. »

PIERRE VADEBONCŒUR, 2000.

« Écoutez-moi bien attentivement. Le Québec est une nation. Cela fait consensus ici. Jean Charest dit la même chose que moi. Alors comment une nation peut-elle n'être que la province d'un autre pays ? »

BERNARD LANDRY,
à propos d'une union confédérale, 2001.

« De peuple fondateur qu'ils étaient, les Québécois devenaient, dans la perspective d'Ottawa et du reste du Canada, une grosse minorité ethnique. »

CLAUDE MORIN,
ministre péquiste, 1998.

Un Québec aux mille accents

« Comment voulez-vous que je les appelle, "los Tabarnacos" ? »

JACQUES PARIZEAU, en réponse aux communautés culturelles qui critiquaient le vocable de « Québécois de souche », 1993.

« Je leur disais : l'expression pure laine ne relève pas de la sociologie québécoise, mais de l'industrie textile. C'est ça la vérité. Je pourrais nommer des centaines de Québécois qui sont mes amis et qui militent pour la souveraineté du Québec avec la même ardeur que je le fais moi-même, et d'autres qui la combattent et qui ne sont pas moins Québécois pour ça. »

BERNARD LANDRY,
à la communauté arabe, 2001.

« C'est un drôle de mélange, le Québécois. Et le mélange continue. Bravo ! Qu'il continue et qu'il s'amplifie ! »

> JACQUES PARIZEAU, quant aux origines multiples des Québécois, 1994.

« Nous avons la profonde conviction qu'il est devenu urgent que le Parti québécois affiche clairement une ferme volonté de bâtir un Québec indépendant où le droit du sol prédominera sur le droit du sang [...] ; où l'affirmation du caractère français du Québec s'accompagnera de la reconnaissance de sa réalité interculturelle ; où il sera fait place aux allophones dans les institutions publiques… »

PIERRE GRAVELINE ET MARCO MICONE, 1995.

« C'est vrai qu'on a été battu, mais au fond, par quoi ? Par l'argent et des votes ethniques. Des gens ont eu tellement peur que la tentation de se venger dans les mois qui viennent sera quelque chose. »

> JACQUES PARIZEAU, après l'annonce des résultats du référendum, 1995.

« Il n'y a plus depuis très longtemps, de nations au sens organique du terme, c'est-à-dire à caractère strictement ethnique. Ce qui existe maintenant, ce sont des nations culturelles. »

FERNAND DUMONT, devant la Commission parlementaire sur la souveraineté, 1995.

•

« Il faut aux francophones d'ici éviter à tout prix les pièges, les dérapages de l'ethnicité, qui entraîneraient inévitablement un repli sur le vieux sentiment canadien-français. »

GÉRARD BOUCHARD, 1995.

« Que l'on puisse maintenant être Québécois par choix est l'un des acquis démocratiques les plus importants du nationalisme québécois des dernières années. Revenir à l'ethnicité pour nous identifier serait un recul et un risque que nous ne pouvons prendre. »

DANIEL LATOUCHE, conseiller de René Lévesque, 1995.

« Il est constitué essentiellement de francophones (quelle que soit leur origine) qui partagent une culture qui leur est propre. Des minorités s'y ajoutent et ont indiscutablement enrichi la culture québécoise. »

JACQUES PARIZEAU, 1995.

« Le problème, c'est que tous ne s'identifient pas comme Québécois, car au départ, cette identification a été le fait des seuls Canadiens français d'ici qui, avec la Révolution tranquille, ont choisi de se désigner de façon plus normale et plus moderne pour marquer plus fortement leur vieille quête de reconnaissance et d'autonomie. »

JEAN-PIERRE CHARBONNEAU, 1995.

« S'il faut parler de "nettoyage ethnique", comme l'ont fait récemment (et d'une manière totalement irresponsable) quelques éditoriaux en provenance du Canada anglophone, c'est bien plutôt de celui que, depuis quelques décennies, les francophones québécois ont pratiqué sur leur propre culture afin de mettre en œuvre un projet national qui soit le plus ouvert possible. »

GÉRARD BOUCHARD, 1995.

« Le peuple québécois comprend tous ceux et celles qui habitent le Québec et ce peuple se renforce par la diversité de ses origines et par sa capacité de conjuguer sa majorité francophone aux minorités qui le composent. »

CONSEIL EXÉCUTIF DU PARTI QUÉBÉCOIS, après les résultats du référendum, 1995.

« Il est aussi de sa responsabilité de dénoncer les tentatives de manipulation et de récupération des adversaires de la souveraineté du Québec, visant à réduire le projet de la souveraineté à un nationalisme étroit et raciste. C'est une injure au parti, à ses dirigeants et à ses militants. »

CONSEIL EXÉCUTIF DU PQ, 1995.

« Le 30 octobre, nous, les allophones, pouvons faire la différence entre la victoire et la défaite du camp souverainiste. L'événement est d'une extrême gravité. Que voulons-nous que l'histoire dise de nous ? »

MARCO MICONE, 1995.

« Nous devons maintenant faire face à cette pluralité. Nous sommes conscients que notre projet ne se réalisera que si nous arrivons à le vendre aux ethnies. »

LOUIS HAMELIN, 1995.

« Pour moi, 60 à 65 pour cent représente un vote démocratique, 80 pour cent un vote xénophobe et 97 pour cent… c'est un vote carrément raciste. »

PIERRE BOURGAULT, sur le vote anglophone qui aurait été de 97 pour cent pour le Non selon un sondage, 1995.

« On a beaucoup cherché à interpréter mes paroles comme indiquant que les Québécois issus de communautés culturelles seraient exclus du projet souverainiste, que même leur place dans un Québec souverain serait marginale, tronquée, et leurs droits spécifiques, comme les droits fondamentaux, remis en cause. Il n'en est rien, il n'en a jamais été question et il est hors de question qu'une telle chose puisse survenir. »

JACQUES PARIZEAU, 1994.

« Car comme l'indique le préambule du projet de loi : "Notre avenir commun est entre les mains de tous ceux pour qui le Québec est une patrie". »

JACQUES PARIZEAU, 1995.

« Ce mouvement ne cherche plus l'homogénéité, il embrasse la diversité et le pluralisme. »

LUCIEN BOCHARD, 1996.

« Est québécois qui veut l'être. »

JACQUES PARIZEAU, 1996.

« Il y a 40 pour cent des francophones qui ont voté contre la souveraineté en 1995, est-ce qu'on a fustigé leur intolérance ? »

LUCIEN BOUCHARD,
en réaction à l'affaire Michaud, 2000.

« L'accession à la souveraineté du Québec facilitera l'intégration des minorités ethniques si désirée par le Québec francophone et si importante pour son épanouissement. »

JACQUES PARIZEAU, 1992.

« Qu'ils se soient appelés Duplessis, Sauvé ou Lesage, nos chefs d'État se sont tous heurtés rapidement aux barrières qu'impose à notre évolution le gouvernement central, par une habile exploitation des obscurités de l'Acte de l'Amérique du Nord britannique. »

PIERRE BOURGAULT, 1961.

« La souveraineté, je vois ça comme un projet qui englobe tout le monde : le peuple du Québec, ce n'est pas celui qu'avaient à l'esprit ceux qui m'ont précédé. »

Lucien Bouchard, 1996.

« D'aucuns plaident même pour un "nationalisme territorial". Je comprends bien que l'on veuille se dissocier ainsi du vieux nationalisme, que l'on cherche à rassembler tous les Québécois dans une même entité. »

Fernand Dumont, 1997.

« Notre nationalisme n'est pas celui des années trente, il n'est pas basé sur l'ethnie. Il est basé sur le territoire et il stipule que tous les gens qui vivent au Québec sont égaux, que la démocratie sera réelle en toute circonstance. »

Lucien Bouchard, 1994.

«Les Québécois […] savent qu'il n'y a plus aucune vision du discours fédéraliste. Il n'y a plus de vision ou de rêve canadien. Il y a une terrible réalité d'échecs, de dettes, de coupures. C'est un régime qui agonise.»

LUCIEN BOUCHARD, 1993.

«Cela ne veut pas dire que ceux dans ces communautés [culturelles] qui appuient la souveraineté du Québec ne sont pas importants pour nous, ni qu'on ne les aime pas. Cela veut dire qu'au plan de l'organisation d'une campagne référendaire, il y a des clientèles, et il faut en tenir compte.»

JACQUES PARIZEAU, 1997.

Éloge de la diversité

«Il n'y a pas de peuple québécois dont la langue est le français, dont la culture est francophone et nord-américaine; qui a ses caractéristiques propres; qui respecte ses minorités, mais néanmoins existe comme peuple.»

JACQUES PARIZEAU, 1995.

«Gens du pays. Je dois dire que je n'ai rien contre la mondialisation des marchés, j'en ai juste contre la normalisation de la culture et de la pensée. En d'autres termes, je trouverais plutôt dommage que le fait canadien-français ne soit plus que folklore.»

MANUEL FOGLIA, réalisateur, 1995.

«Mon Québec est différent. Assez pour que la pertinence de vivre sa vie par lui-même soit une nécessité pour nous et une évidence pour les autres. »

DENIS TRUDEL, comédien, 1995.

« C'est se battre pour le droit à la différence, non se comporter en force totalitaire que d'imposer, sans "s'excuser de demander pardon", notre langue sur le territoire et dans les institutions du Québec. »

JEAN LAROSE, romancier et essayiste, 1987.

« Je ne veux pas que l'on transforme, par exemple, un Italien qui vit au Québec en un Québécois pure laine [...]. J'ai consacré ma vie à faire l'éloge de la différence. »

ARMAND VAILLANCOURT, 1999.

« Ce qui nous réconforte dans cette volonté, ce ne sont pas seulement nos traditionnelles réactions contre les dangers de disparition. C'est aussi le spectacle du monde où partout se conjugue le double mouvement vers la rencontre et l'approfondissement des différences. »

FERNAND DUMONT, 1995.

« C'est la part d'universel en nous-mêmes que nous défendons en recherchant l'émancipation du Québec ; c'est notre devoir envers la diversité du monde que nous accomplissons. »

JEAN-MARC LÉGER, 1993.

Le Québec à l'ère
de la mondialisation

« La souveraineté du Québec, c'est le prolongement de cette volonté d'ouverture, de participation au concert des nations, aux échanges des idées, des cultures et des produits. »

JACQUES PARIZEAU, 1994.

« Ce n'est pas une question fondamentale. Qu'on ait un siège ou non aux Nations Unies n'est pas important pour les Québécois. Ce qui compte, c'est que le Québec soit autonome. »

MARIO DUMONT, 1995.

« Finalement, nous avons su, il me semble, donner un contenu nouveau à la souveraineté. Un nouveau contenu économique, en mettant au cœur de notre projet de la nouvelle réalité d'une planète qui est aujour-d'hui presque un seul grand marché. »

JACQUES PARIZEAU, au lendemain
du référendum, 1995.

« Aujourd'hui, toutes les anciennes raisons subsistent, mais une formidable et nouvelle motivation donne à notre projet national une modernité fulgurante, et le rend plus impé-rieux encore qu'auparavant. En effet, dans le nouveau contexte mondial, la souveraineté n'est plus seulement une question de survie, de prospérité et de rayonnement interna-tional des peuples, c'est la qualité même de leur vie démocratique qui est mise en cause par cette nouvelle donne que constitue la mondialisation. »

BERNARD LANDRY, 1998.

« Je suis favorable à l'indépendance du Qué-bec parce que je suis favorable à ce qui reste de la souveraineté politique dans un système mondial qui se déploie contre elle…»

GILLES GAGNÉ, sociologue, 2000.

« Dans ce débat (de la mondialisation), le Canada est, pour le Québec, un cul-de-sac [...]. Et le Québec est un précurseur dans ce contexte de mondialisation. »

JACQUES PARIZEAU, 2000.

« Durant toute cette période, étrangement, l'idée d'indépendance n'a pas reculé, et cela alors même que les intelligentsias, les technocraties et les rentiers qui se mondialisaient accroissaient leur part de la richesse collective. »

GILLES GAGNÉ, parlant des trente années de mondialisation accélérée, 2000.

« La mondialisation des marchés a rendu plus impérieuse que jamais la souveraineté des nations et celle du Québec. Ce qu'on a vu au Sommet des Amériques en est une illustration. Si, dans notre propre capitale nationale, on n'a même pas le droit de souhaiter la bienvenue, comment va-t-on influencer la construction des Amériques ? »

BERNARD LANDRY, à propos de la cérémonie d'accueil québécoise pour les nouveaux arrivants, 2001.

« Le combat pour la souveraineté du Québec
est devenu un combat pour la démocratie.
Avec la mondialisation, les décisions ne se
prendront plus à Québec, ni même à Ottawa,
mais à des tables internationales où le gouvernement canadien va prétendre nous
représenter. »

BERNARD LANDRY, 2001.

« La mondialisation est alors l'occasion de
choisir ceux avec qui nous partageons une
plus étroite communauté de destin. La mondialisation offre ainsi une justification con-
temporaine de la souveraineté. »

INTELLECTUELS POUR LA SOUVERAINETÉ, 2002.

« Ce projet ne peut-être le même que dans les
années 1960. Dans un contexte de mondialisation, il faudra poser des gestes souverainistes à tous les jours plutôt que de penser à
un seul grand coup. »

PAULINE MAROIS, sur le projet de la
souveraineté, 2002.

La vie d'un pays

« Si nous nous regardons le nombril, il est évident que nous nous trouvons petits, faibles, sans défense. Si, par ailleurs, nous nous comparons, nous nous apercevons rapidement que nous sommes beaucoup plus forts que nous ne l'imaginons. »

PIERRE BOURGAULT, 1964.

« Le Québec, une manière de grand enfant que sa vie terrorise. »

VICTOR-LÉVY BEAULIEU, romancier, dramaturge, poète et essayiste, 1995.

« Nous avons confiance que le peuple québécois fera montre de cette détermination à vivre qu'il a toujours eue lorsqu'il s'agissait de survivre ! »

PIERRE BOURGAULT, 1964.

« Et c'est rendre un très mauvais service au pays que de taxer de séparatistes tous ceux qui recherchent, par des moyens démocratiques et pacifiques, l'épanouissement de la nation canadienne-française. »

DANIEL JOHNSON, 1967.

« Il est des points […] où le courage et l'audace tranquilles deviennent pour un peuple, aux moments clés de son existence, la seule forme de prudence convenable. S'il n'accepte pas alors le risque calculé des grandes étapes, il peut manquer sa carrière à tout jamais, exactement comme l'homme qui a peur de la vie. »

RENÉ LÉVESQUE, 1968.

« Nous savons qu'il est difficile pour un individu d'assumer une vie adulte, de se sevrer de ses parents. Nous savons qu'il n'en va pas autrement pour les nations et qu'il nous serait beaucoup plus facile de rester dans la Confédération que d'assumer l'indépendance du Québec. »

PIERRE BOURGAULT, 1965.

« Si deux conjoints ne peuvent apprendre à coucher ensemble, ils doivent alors certainement avoir des lits séparés. Il est urgent, pour vous comme pour nous, de prendre conscience du fait que nous ne dormons pas bien dans le lit sur lequel vous ronflez en toute quiétude. »

RENÉ LÉVESQUE, 1970.

« On a oublié de lui dire qu'on aimait ça le confondre, parce qu'on trouvait ça touchant de le voir aussi mêlé, que l'histoire l'avait enfermé dans un bocal pour mieux le voir se péter les ailes… »

PASCALE BUSSIÈRES, actrice, 1995.

« En 1995, est-ce que madame hésite à divorcer de monsieur s'il y a incompatibilité mentale et physique ? »

GHISLAIN TASCHEREAU, humoriste, romancier et essayiste, 1995.

«Le Québec est comme un enfant : nous étions dépendants, nous voulons maintenant devenir indépendants et nous aurons éventuellement à devenir interdépendants. Nous devons franchir un pas et devenir adultes. Ça prend du temps, mais ça s'en vient.»

PIERRE BOURQUE,
maire de Montréal, 1999.

Une société idéale

« Il faut entendre, et cela nous le répétons sans cesse, que nous n'offrons pas à notre peuple une panacée à sa politique, à sa culture, à son économie. »

PIERRE BOURGAULT, 1961.

« Quand on détruit les valeurs communes en intérêts particuliers, on débouche sur le règne des lobbies. C'est le cas aujourd'hui. Et moi, j'estime que l'indépendance doit tendre à l'équilibre entre la justice et la liberté. »

ANDRÉ MAJOR, journaliste, poète, romancier et nouvelliste, 1994.

« Pour plusieurs, l'indépendance apparaît désormais comme une coquille vide. Un simple changement administratif, alors que transformer vraiment une société, c'est un idéal autrement puissant. »

CHARLES GAGNON, ex-felquiste, 1994.

« Avec l'année politique qui s'en vient, on est confrontés à une sorte de quitte ou double, qui a un impact bien plus important sur moi que la seule perspective d'une victoire ou d'une défaite. Pour moi, la question de la souveraineté, en dehors des partis politiques, englobe toutes les causes pour lesquelles je me suis battu. »

PAUL PICHÉ, 1994.

« Une fois acquise l'indépendance du Québec, il faudra mettre à bas la dictature du marché. Il n'y aura pas de répit pour la gauche, au contraire. Le socialisme reste un projet à inventer, à réaliser, car jusqu'à maintenant on ne lui a jamais laissé le temps ni la liberté d'exister vraiment. »

PIERRE VALLIÈRES, 1994.

« La souveraineté est dans l'entonnoir. Si elle ne passe pas, ce sont toutes mes autres causes justice sociale, environnement, Amérindiens qui vont en souffrir, parce que les forces vives de la gauche seront démobilisées. »

PAUL PICHÉ, 1994.

« Le Québec idéal est juste sans querelle de clocher, élégant sans être maniéré. »

SYLVIE TREMBLAY, auteur-compositeur-interprète et comédienne, 1995.

« La souveraineté du Québec est une exigence impérieuse ; on entretiendrait une très grave illusion en croyant qu'elle sera suffisante. Elle pourrait même servir d'alibi si nous édifions un abri politique pour un peuple vidé de ses raisons d'être. »

FERNAND DUMONT, 1995.

« La souveraineté du Québec viendra sans doute en son temps. Il serait bon, d'ici là, que les mouvements sociaux articulent encore davantage le lien entre souveraineté et projet social. »

FRANÇOISE DAVID, 1995.

« La souveraineté ne créera pas, par miracle, une nation vigoureuse. La vitalité de notre collectivité en Amérique dépendra toujours de bien d'autres facteurs que de la structure de l'État : de la qualité de la langue, de la valeur de l'éducation, de la créativité de la culture, de l'équité des institutions et des rapports sociaux ; en bref, du dynamisme que le peuple lui-même puisera dans son identité. »

FERNAND DUMONT, 1995.

« Le combat national doit être aussi, impérativement, un combat social. À défaut de quoi, il perd son sens. »

GÉRALD LAROSE, alors qu'il était nommé Patriote de l'année, 1996.

« Celles-ci, réunies en assemblée générale, le 30 septembre, ont opté majoritairement en faveur d'un appui à la souveraineté, et ce, sur des bases très claires : notre position était non partisane et nous envisagions la souveraineté du Québec comme un outil de développement d'une société juste, équitable et pacifiste. »

Françoise David, 1995.

« La souveraineté du Québec est le meilleur moyen pour construire une société plus solidaire, sans violence, sans sexisme et sans discrimination. »

Regroupement des religieuses et des religieux pour le Oui, 1995.

« Pour moi, le projet souverainiste, ainsi que le projet de société avant-gardiste qui l'accompagne, est résolument tourné vers l'avenir et le changement, et le mot qui résume le mieux ce projet auquel sont conviés l'ensemble des Québécois et des Québécoises est le même qui fut à l'origine de la première Révolution tranquille. Je parle évidemment du mot solidarité. »

Réjean Thomas, médecin, 1995.

« Ce qui est en cause, c'est notre capacité collective de mettre en place toutes les conditions pour construire un pays où nous pourrons vivre à notre goût. C'est dans cette optique que l'accession à la souveraineté devient une condition incontournable, si nous voulons aller plus loin dans la construction d'une société qui sache répondre à nos aspirations »

GÉRALD LAROSE, 1995.

« Dire oui au Québec, c'est accepter de lutter contre l'exclusion sociale sous toutes ses formes, c'est d'accepter de travailler à l'amélioration du sort de nos jeunes touchés par le plus haut taux de suicide au monde, c'est d'aider les femmes à sortir de leur situation de pauvreté qui trop souvent est la leur, c'est de travailler à une meilleure distribution de la richesse collective, grande ou petite. »

RÉJEAN THOMAS, 1995.

« Écoutez-nous ! Nous cherchons un pays ! Un pays qui nous ressemble. Un pays où nous pourrons vivre ensemble dans l'amour et dans la joie. Nous cherchons un pays où nous pourrons croire en la justice et en l'honnêteté dans le respect des aînés et dans celui des enfants. »

Pierre Harel, fondateur d'Offenbach,
Corbeau et Corbach, 1995.

« Nous, peuple du Québec,
Voulons faire de notre pays,
Une terre de fierté,
Une terre de tolérance et de solidarité,
Une terre de liberté. »

Pierre Graveline, 1995.

« Manifestement, l'indépendance n'est pas l'élément rassembleur d'un Québec libre. Malheureusement, un projet de société genre liste d'épicerie, défini et comptabilisé avant notre accès à la souveraineté, risque (c'est déjà commencé) de nous diviser un peu de religion à droite, un peu de féminisme à gauche, au centre le partage des richesses, tout autour la ronde des demandes syndicales, plus haut une école plus élitiste, plus bas, une culture populaire accessible, à l'horizon, des projets communautaires, au loin, une armée pacifiste, etc. »

Bruno Roy, 1998.

« La souveraineté du Québec nous procurera l'ensemble des outils dont nous avons besoin. D'ici là les Québécoises et les Québécois doivent continuer de construire une société originale et différente, en intégrant ses politiques, en récupérant ses moyens financiers, en occupant sa place au plan international. »

PIERRE PAQUETTE, député péquiste, 1999.

« Il faut se lever à l'unisson au-delà des divergences économiques et sociales et dire qu'on est ensemble pour le Québec, ensemble pour le pays. Après ça, comme tous les pays normaux, il y aura du monde à gauche, à droite, comme dans tous les débats démocratiques. »

GILLES DUCEPPE, lors du rassemblement de la Coalition montréalaise pour la souveraineté, 2001.

Sous le signe de la Révolution

« On ne convainct personne avec des bombes, mais avec des arguments. Aussi, notre arme principale doit-elle être le bon sens, notre technique : le calme, notre recette : le travail. »

ANDRÉ D'ALLEMAGNE, 1963.

« Je continue à affirmer que je ne ferai pas l'indépendance du Québec pour les morts. »

PIERRE BOURGAULT, sur le fait qu'il privilégie la vie à la cause, 1970.

« Lorsque votre Premier ministre, M. Robarts, prononce des paroles comme celles-ci : "Nous ne permettrons jamais au Québec de se séparer", on ne peut s'empêcher de comprendre que l'élément jeune de la population québécoise aille poser des bombes. »

RENÉ LÉVESQUE, 1970.

« S'ils ont vraiment cru avoir une cause, ils l'ont tuée en même temps que Pierre Laporte, et en se déshonorant ainsi, ils nous ont tous plus ou moins éclaboussés. »

RENÉ LÉVESQUE, 1970.

« Désormais, le FLQ est un mouvement illégal. M. Trudeau a décrété qu'il en serait ainsi. Comme s'il suffisait de déclarer l'illégalité d'une action pour qu'elle disparût. »

PIERRE BOURGAULT, 1970.

« Ceux qui, froidement et délibérément, ont exécuté M. Laporte, après l'avoir vu vivre et espérer pendant tant de jours, sont des êtres inhumains. Ils ont imposé ici, dans une société qui ne la justifie absolument pas, un fanatisme glacial et des méthodes de chantage à l'assassinat qui sont celles d'une jungle sans issue. Si leur sauvagerie reflétait si peu que ce soit le vrai Québec, on voudrait s'en aller à jamais le plus loin possible. »

RENÉ LÉVESQUE, au lendemain de l'assassinat de Pierre Laporte par le FLQ, 1970.

« Il faut cependant dire que, malgré les activités du Front de Libération du Québec dans les années soixante, une forme épouvantable de violence que semble rejeter la plupart des Québécois, le nationalisme québécois a été étonnamment modéré comparativement au nationalisme d'ailleurs. »

NEIL BISSOONDATH, 1995.

« En tournant un film comme ça, je me coulais moi-même au départ, parce que la moitié de la population ne voulait rien savoir des felquistes et de la crise d'Octobre. Ce qui me fait surtout plaisir, c'est que les jeunes sont venus nombreux, et se sont posé la question : Et pour nous, y reste-tu de l'espoir ? »

PIERRE FALARDEAU,
sur le succès d'*Octobre*, 1995.

« Les jeunes se battent pour avoir un pays et ça fait deux ou trois ans que des jeunes disent qu'il faut réorganiser le FLQ. »

RAYMOND VILLENEUVE, 2000.

« Je ne connais personne qui ait conservé un bon souvenir d'octobre 1970, de cette période de perturbation qui a suscité beaucoup de malaises, de désarrois, de suspicions et de divisions. »

GILLES DUCEPPE, 2000.

« Il y a des gens qui croient à l'option de la souveraineté et je pense que c'est sain, démocratiquement, qu'ils aient une voix dans les institutions démocratiques. Le Québec a connu une période de violence politique et je pense que tout le monde souhaite que le débat se fasse dans nos institutions démocratiques plutôt que dans la rue. »

JEAN CHAREST, 2002.

Aux armes !

« La souveraineté, on ne le répétera jamais assez, ne vaut pas une seule vie humaine. Si jamais les souverainistes acquéraient la conviction que les dérapages inévitables peuvent entraîner des pertes de vie, ce deviendrait alors illégitime de poursuivre le projet. C'est leur responsabilité morale qui s'y trouve engagée. Maintenant. »

DANIEL LATOUCHE, 1994.

« Il y avait des officiers prêts à créer un embryon d'état-major. »

JEAN-MARC JACOB, député bloquiste, dans l'éventualité d'un référendum gagnant sur la souveraineté, 1996.

« On a été chanceux de ne pas gagner le référendum avec 50 pour cent plus un parce que
ça aurait été la guerre civile. Si on obtient
65 pour cent, ils vont se fermer la gueule.
C'est le seul moyen. »

RAYMOND LÉVESQUE, 1999.

Des alliés...
contre la souveraineté

« Le temps est venu pour les neuf autres provinces de demander au Québec de quitter le
Canada et de construire un nouveau pays sans
lui. »

> REED SCOWEN, ancien député libéral à
> l'Assemblée nationale, 2000.

« C'est un sentiment que les politiciens séparatistes essayeront de provoquer, puisque
cela servira leur programme étroit et xénophobe. »

> MORDECAI RICHLER, romancier, nouvelliste,
> dramaturge et essayiste, sur les intentions
> présumées du Québec, 1994.

« Je voterai oui pour en finir une bonne fois pour toutes avec cette question. Parce que j'en ai ras le bol des nationalistes et des nationaleux qui surfent sur nos frustrations. »

RICHARD MARTINEAU, 1995.

« La séparation du Québec permettra aux contribuables canadiens d'économiser des millions de dollars par année grâce à l'abolition du bilinguisme. »

SUPPORT THE SEPARATISM MOVEMENT, 1995.

« Si ceux qu'on appelle les nationalistes disaient : "il nous faut telle, telle et telle chose, et après ça on ne demande rien de fondamental pour un autre 20 ans ou 25 ans", là on aurait 25 ans de paix. Ça donnerait une période de calme. »

PIERRE ELLIOTT TRUDEAU,
Premier ministre du Canada, 1996.

« Je suis tanné des référendums, tanné de toute cette histoire, alors je me dis : Prenons le taureau par les cornes. »

RYAN BIGGE, candidat pour le Bloc québécois dans Vancouver-Est, qui souhaite débarrasser le Canada du Québec, 1997.

Et puis le ROC
(*Rest of Canada*)...

« Quitter le Québec, pour un Canadien français, c'était et c'est encore s'exposer à renoncer tôt ou tard, pour lui-même ou pour ses descendants, à son identité culturelle. »

DANIEL JOHNSON, 1967.

« Ils y tiennent au Québec, nos conationaux ! Ne l'oublions pas. Ils savent bien [...] que le Canada, sans le Québec, ne serait plus le Canada. »

LUCIEN BOUCHARD, 1961.

« En droit international, ce n'est pas tant la découverte qui assure la possession d'un territoire que la colonisation et le peuplement. Et sauf quelques îlots français en dehors du Québec, le territoire canadien n'est pas peuplé de Canadiens français. »

MARCEL CHAPUT, 1961.

«Nous croyons que nous pouvons nous en tirer mieux sans le Canada que le Canada sans nous.»

RENÉ LÉVESQUE, 1964.

«Dans le fond, ils sont comme tout le monde, ils ne respectent que ceux qui se tiennent debout.»

PIERRE BOURGAULT,
parlant des anglophones, 1965.

«L'histoire le démontre […]suffisamment : le reste du Canada n'a cédé aux revendications du Québec que lorsqu'il s'est senti obligé de le faire.»

RENÉ LÉVESQUE, 1980.

«Or, tout le long du chemin, les autres ne nous ont pris au sérieux qu'aux moments où nous avons su nous tenir debout et tenir notre bout. Que diraient-ils et penseraient-ils de nous, s'il fallait que nous reculions cette fois-ci?»

NOUVELLE ENTENTE QUÉBEC-CANADA,
gouvernement du Québec, 1979.

« Moi, je l'aime bien, le Canada – sans avoir besoin de "mes montagnes Rocheuses" ! –, mais sa structure actuelle ne m'apparaît pas viable indéfiniment. Ça va s'adapter au point d'être méconnaissable. »

RENÉ LÉVESQUE, 1985.

« Dans le passé, le Québec a eu des états d'âme ambigus envers les francophones hors Québec. Les événements que nous avons vécus au Québec nous ont peut-être amenés à un peu trop de nombrilisme et on a peut-être oublié qu'il y avait des francophones hors Québec. »

LUCIEN BOUCHARD, déclaration en tant que ministre fédéral, après une rencontre avec l'Association canadienne-française de l'Ontario, 1989.

« Je le dis comme je le pense : le Québec profond, celui qui se souvient, ne comprendra jamais, n'acceptera jamais cette décision concertée du Canada anglais de fixer l'avenir du pays sans lui, donc contre lui. »

LUCIEN BOUCHARD, sur le rapatriement unilatéral de la Constitution, 1990.

« Ils sont sincères, certes, mais ça démontre comment le Canada anglais s'est aliéné le Québec. Les Canadiens anglophones sont à cent lieux des attentes des Québécois. »

LÉON DION, 1992.

« Ils vont essayer n'importe quoi pour faire peur aux Québécois. »

LUCIEN BOUCHARD, à propos des opposants à la souveraineté, alors qu'il était chef du Bloc québécois, 1994.

« Je n'ai jamais compris pourquoi le nationalisme "canadian" de Pierre Trudeau était plus valable ou plus défendable que mon nationalisme québécois. Je n'ai jamais compris pourquoi le Canada devait être séparé des autres pays du monde pendant que le Québec devait, d'autorité, rester attaché au Canada. »

PIERRE BOURGAULT, 1994.

« La première chose qui nous unit, c'est la conviction que les choses doivent changer. »

MARIO DUMONT, sur la jeune génération de Canadien anglais, 1994.

« Je vais chercher à convaincre les Canadiens que la souveraineté du Québec est indispensable pour que le Canada et le Québec cessent enfin de se nuire mutuellement. »

FRANCINE LALONDE, au moment de briguer l'investiture du Bloc québécois en vue des élections, 1994.

« C'est clair qu'Ottawa va dire non au début, mais le réalisme politique et économique du Canada anglais va prendre le dessus. Je le sais. Je les connais. »

JEAN ALLAIRE, 1994.

« Les journaux du Canada condamnent ainsi le projet d'indépendance avec une belle unanimité. Chez plusieurs éditorialistes de ce pays, l'hystérie tient compte de pensée. »

GILLES ARCHAMBAULT, 1999.

« Dans les jours qui viennent, on va se faire injurier, on va se faire dire que nous ne savons pas ce que nous voulons. On va dire : mais oui, on voit bien, ils sont comme d'habitude. Non, non ! On n'est pas comme d'habitude. »

JACQUES PARIZEAU, après l'annonce des résultats du référendum, 1995.

« Comme tout bon nationaliste, je citerai mois aussi le grand Félix – Félix Potvin, bien sûr, le goaler des Maple Leafs : "J'ai donné mon 110 pour cent". Oui, Canada, j'ai donné mon 110 pour cent. Mais là, ça ne peut plus continuer. Il faut tourner la page. »

RICHARD Z. SIROIS, humoriste et animateur, 1995.

« Pourquoi le Canada anglais tient-il tant à ce que nous demeurions canadiens ? N'aimeraient-ils pas avoir la paix une fois pour toutes et avoir enfin les ingrédients en anglais seulement sur leur boîte de céréale ? »

GHISLAIN TASCHEREAU, 1995.

« Drôle de pays que nous avons là tout de même. On n'a jamais réussi à transposer en solutions collectives les rapports individuels souvent agréables qu'on a avec nos concitoyens de langue anglaise. »

LUCIEN BOUCHARD, 1995.

« Si une majorité de Québécois décidaient de se séparer, il est clair pour moi que le reste du Canada devrait répondre en s'engageant dans un dialogue respectueux. »

SVEND ROBINSON, député du NPD, 1995.

« Je vais vous le dire. Si on vote oui, elle va faire la gueule, le 1er novembre, la Saskatchewan. Puis l'hiver va passer. Le printemps va arriver. Les fleurs vont pousser dans les champs, les p'tits oiseaux vont chanter, et la Saskatchewan va se crisser de Québec, exactement comme elle s'en crisse maintenant. Et puis elle va nous vendre son blé pareil que maintenant. En essayant de nous fourrer pareil qu'elle essaie de fourrer l'Ontario ou la Norvège. Bref, *business as usual*. »

PIERRE FOGLIA, 1995.

« Le Québec et la Colombie-Britannique ont beaucoup de choses en commun à cet égard. »

GLEN CLARK, Premier ministre de Colombie-Britannique sur l'insatisfaction face au traitement d'Ottawa, 1996.

« Pourquoi est-il si difficile pour nos voisins canadiens d'utiliser, pour parler de nous, des mots que nous méritons autant que tous les autres peuples du globe ? »

LUCIEN BOUCHARD, 1997.

« Un tricheur, un menteur, un raciste, un xénophobe. Quelqu'un qui, pour couronner le tout, a eu le malheur de perdre la bataille qu'il a livrée pour avoir son pays. »

JACQUES PARIZEAU, sur la perception du ROC, 1997.

« On voit qu'ils sont francophobes. Nous on est tolérants. »

YVES BLAIS, à propos du tollé soulevé lorsque Pierre Péladeau a tenté d'acheter des médias ontariens, 1997.

«Tous ces créateurs sont extraordinaires. Mais 90 pour cent d'entre eux vivent au Québec. Ils sont la preuve que cela ne fonctionne pas à l'extérieur du Québec.»

GILLES DUCEPPE, sur les artistes francophones du ROC, 1997.

«Je suis étonné de voir les fédéralistes en train de s'activer, ils ne vont pas perturber la démarche de mon gouvernement pour redresser le Québec. Quand les bases sociales et économiques du Québec seront raffermies, le vrai débat commencera.»

LUCIEN BOUCHARD, sur les finances publiques, 1997.

«Je ne fais pas la souveraineté contre les Canadiens. Je vise deux gagnants.»

RODRIGUE BIRON, 1997.

«Il semble évident, en effet, que l'avis se fonde sur un malentendu qui prend sa source dans la "démonisation" systématique des souverainistes, au point d'oublier, d'oblitérer, tout ce qui n'appartient pas à la nature du démon. »

JACQUES PARIZEAU, dans une lettre aux juges de la Cour suprême, 1998.

« La décision appartient au peuple du Québec et ce sont les Québécois qui vont décider de leur avenir. Faire un référendum *coast to coast* sur l'avenir du peuple québécois, c'est une interférence antidémocratique carrément inacceptable. »

LUCIEN BOUCHARD, à propos de la proposition de Conrad Black, magnat de la presse, qui proposait un référendum pancanadien sur la souveraineté du Québec, 1997.

« Jeune, il a appris à chanter *Ô Canada* pour protester contre le *God save the king*. Aujourd'hui, notre *Ô Canada* a été traduit en anglais, est devenu l'hymne national bilingue du Canada, et notre vieil homme assis devant sa télévision pour regarder une partie de hockey disputée à Toronto entend la foule huer quand certains vers de l'hymne sont chantés en français. »

JACQUES PARIZEAU, sur le processus d'identité des Québécois octogénaires, 1997.

« Je ne vous demande pas un appui. Mais ma présence à Toronto sera un succès si vous évitez toute réaction qui ne serve pas l'amitié, la paix et l'harmonie. »

BERNARD LANDRY, *Board of trade*, 1997.

« Vivre au Québec n'est pas la même chose que vivre en Ontario ou au Manitoba. »

JOSEPH FACAL, pour légitimer la cérémonie d'accueil des immigrants, 2001.

« Le Québec n'existe pas, titre André Pratte dans son éditorial du jeudi 23 août. Et il n'a pas tort : le Québec n'existe pas... pour le Canada. Et c'est une autre bonne raison pour faire la souveraineté du Québec et pour préparer un nouveau référendum, tel que le souhaite le Premier ministre du Québec, Bernard Landry. »

MICHEL GAUTHIER, député bloquiste, 2001.

« Je suis une femme raisonnable et je négocie avec ouverture et bonne foi. »

PAULINE MAROIS, sur les négociations afin d'avoir des acquis positifs pour le Québec auprès du Canada, 2001.

La souveraineté par étapes

« Je ne veux pas faire le jeu d'un étapisme qui, selon moi, ne conduit pas à l'indépendance du Québec mais tout au plus à la négociation d'un fédéralisme renouvelé. »

PIERRE VALLIÈRES, 1980.

« Mais revenir à l'étapisme, quel qu'il soit, c'est se rendre à nouveau vulnérable. C'est oublier qu'en 1982, le rêve "confédération-niste" a rendu l'âme dans les eaux troubles du rapatriement unilatéral. C'est oublier que cette mort s'est confirmée dans l'opinion publique canadienne-anglaise à l'échec de Meech. C'est fantasmer sur une relation d'"égal à égal" sans l'indépendance. »

JOSÉE LEGAULT, 1998.

« Il faut se garder des stratégies lourdes et compliquées dans lesquelles on risquerait fort de perdre les Québécois, plutôt que de leur ouvrir une voie vers la souveraineté. »

LUCIEN BOUCHARD,
à propos de l'étapisme, 1999.

À bas le fédéralisme !

« Même au plus fort des revendications, même quand nous subissons une injustice qui fait mal, nous gardons l'impression que ces difficultés, si graves soient-elles, pourraient être résolues à l'intérieur du cadre politique actuel. »

ANDRÉ LAURENDEAU, journaliste, 1961.

« La Confédération a presque cent ans. Elle ne nous permet même pas de nous battre à ciel ouvert, sans qu'on nous jette à la face le nom de fanatiques. »

PIERRE BOURGAULT, 1961.

« Si l'on considère la présence du Québec au sein de la Confédération comme un obstacle, nous sommes prêts à nous retirer. »

MAURICE DUPLESSIS, 1954.

«Derrière la fiction des 10 provinces, deux peuples distincts, et qui ont l'un et l'autre le même droit à l'autodétermination, se trouvent non seulement à l'étroit, mais en danger de s'empoisonner mutuellement de plus en plus, comme ces deux scorpions que Churchill évoquait naguère enfermés dans la même bouteille.»

RENÉ LÉVESQUE, 1977.

«Nous en avons assez de cette bonne entente à sens unique et M. Pearson apprendra bientôt à ses dépens que nous ne sommes plus les petits esclaves polis qu'on pouvait autrefois bafouer tout à son aise.»

PIERRE BOURGAULT, 1964.

«Si le référendum est décisif, comme nous l'espérons, la Constitution fédérale, d'origine britannnique, deviendra automatiquement une pièce de musée.»

RENÉ LÉVESQUE, 1978.

« Si j'étais fédéraliste, cette question me ravirait. »

PIERRE BOURGAULT, 1979.

« Cette vache sacrée vieille de 100 ans que, pour l'instant, personne n'ose toucher vraiment de peur d'encourager les tendances subversives du Québec… »

RENÉ LÉVESQUE, sur le système fédéral, 1976.

« Parce qu'il n'a pas été observé ni dans sa lettre ni dans son esprit, le pacte de 1867 est devenu désuet. »

DANIEL JOHNSON, 1963.

« Nous n'acceptons pas la théorie simpliste des dominos, en vertu de laquelle le départ du Québec est présenté comme le début d'une dislocation fatale, le "séparatisme" se propage partout comme une épidémie jusqu'à ce que les petits morceaux balkanisés soient avalés par l'immense jabot voisin. »

RENÉ LÉVESQUE, 1976.

« Depuis que Duplessis a décrété la double taxation en 1954 et forcé le gouvernement fédéral de l'époque à lui céder une partie du champ des impôts sur le revenu, chaque nouvelle crise a conduit à de nouveaux transferts. »

JACQUES PARIZEAU, 1967.

« Le Canada, c'était un essai. Après 100 ans, la pâte n'a levé qu'à moitié. Ce n'est pas assez pour faire un plat, ni un pays, réussi. »

RENÉ LÉVESQUE, 1967.

« Si Trudeau était élu, il tenterait de nous couper notre oxygène francophone, nous pourrions dire adieu à au moins 200 millions de transferts de ressources. »

DANIEL JOHNSON, 1967.

« Quand la majorité choisira de céder une partie de son salaire pour un projet de souveraineté, quand tous accepteront le fait qu'il n'y aura pas de pays du Québec sans que chacun accepte de faire des sacrifices, alors on pourra parler de volonté du peuple pour la souveraineté, pas avant. Malheureusement, la lucidité fait peur à l'homme. »

HÉLÈNE JUTRAS,
romancière et essayiste, 1995.

« Pour les écraser une bonne fois pour toute, il suffirait simplement aux fédéralistes de terroriser de nouveau les Québécois en puisant dans l'arsenal désormais classique des épouvantails agités quinze ans plus tôt : un oui entraînerait l'isolement du Québec, la coupure radicale d'avec le Canada, une baisse des investissements, un chômage galopant, l'exode des populations, etc. »

CLAUDE MORIN, 1998.

« Un divorce à la québécoise est d'autant plus logiquement envisageable que, la Confédération n'étant pas un sacrement, ça ne serait pas péché. Le grand-prêtre Trudeau a eu beau dire que ce serait "un crime contre l'humanité", personne ne le croit plus. »

DORIS LUSSIER, 1990.

« Pierre Trudeau et Jean Chrétien ont humilié, insulté et ostracisé le Québec. »

Lucien Bouchard, 1990.

« On a tout essayé, on a pris le taureau par la queue, par les cornes, par les sabots, ça n'a rien donné. »

Gilles Duceppe,
à propos du fédéralisme, 2000.

« Entre un pacte avec Chrétien et un pacte avec le diable, il n'y a pas de différence. »

Lucien Bouchard, à propos de l'accord du Lac Meech et du rapport Charest, 1991.

« Je collectionne, à des fins de références ultérieures, les insultes qu'il me lance à la tête parce que je parle de cette question. Mais malgré toutes les insultes, il n'a jamais prétendu que c'était impossible. »

Jacques Parizeau, sur les insultes lancées par le Premier ministre lorsqu'il parle de garder la monnaie canadienne dans un Québec souverain, 1993.

«Cette Constitution canadienne a été faite dans les cuisines du Château-Laurier, la nuit, dans une sorte de complot, avec des personnes à la mine hirsute cachées en arrière des chaudrons, dont Jean Chrétien, marmiton en chef. [...] Une Constitution qui est enfoncée dans la gorge d'un des deux peuples fondateurs ne mérite pas le titre de Constitution.»

LUCIEN BOUCHARD, 1993.

«Ce qui importe en la matière et ce qui peut être considéré à juste titre comme la source d'une convention constitutionnelle fondant la légitimité de l'accession du Québec à la souveraineté, c'est le fait que le droit à l'autodétermination du peuple québécois a bel et bien été et est encore reconnu par les autorités fédérales du Canada.»

JACQUES PARIZEAU, 1994.

«Le fédéralisme, après les échecs de Meech et de Charlottetown, n'a plus aucun argument pour nous séduire, sinon le statu quo. C'est

cette maudite attitude de cynisme et de défai-
tisme qu'il faut changer chez les gens. »

PAUL PICHÉ, 1994.

« Le *statu quo* a perdu ses trois dernières
batailles : Charlottetown, les élections fédérales et les dernières provinciales. Ce que
nous proposons, c'est de remodeler le fédéralisme, de trouver un arrangement, satisfai-
sant pour les Québécois et les Canadiens, se
situant entre le statu quo et la séparation. »

PRESTON MANNING, 1994.

« La souveraineté du Québec n'est pas un
nationalisme étroit et égoïste. Les échecs de
Meech et de Charlottetown ont démontré
que le Canada est devenu ingouvernable. »

JEAN ROCHON, 1994.

« Pour le Québec non plus il n'y a aucune
entente possible dans le cadre de la Constitution canadienne. »

JACQUES PARIZEAU, 1995.

« Disons que c'est comme si le président des États-Unis modifiait la Constitution américaine, et si cette façon de procéder recevait l'assentiment des gouverneurs de tous les États… sauf des États de New York, de la Californie, du Texas et de l'Illinois. »

BRIAN MULRONEY, 1995.

« Voulons-nous voir la majorité anglophone à Ottawa se mêler de plus en plus activement des questions d'éducation, de langue et de culture au Québec ? »

PIERRE DE BELLEFEUILLE, 1995.

« Il lui reprochait de ne jamais avoir accepté les désavantages de ce mariage de raison et elle, de n'avoir rien fait pour que ce mariage de raison en devienne un d'amour…Et puis tant pis pour eux ! »

DIANE JULES, comédienne, comparant le fédéralisme à un couple, 1995.

« La priorité du Canada est de maintenir un gouvernement fort afin d'assurer une unité et une uniformité au sein du pays, et la priorité du Québec est de se donner un gouvernement fort afin d'assurer une unité et une uniformité au sein du pays, et la priorité du Québec est de se donner un gouvernement fort afin d'assurer son développement sur les plans de la culture, de l'éducation et de l'immigration. »

GILLES PELLETIER, 1995.

« À mes yeux, ce qu'on promet désormais comme "fédéralisme" désigne une imposture puisqu'il recouvre une entreprise (fort ancienne au demeurant) qui vise à éliminer à plus ou moins brève échéance l'une des nations formant la dualité canadienne. »

PAUL CHAMBERLAND, poète, 1995.

« Ça fait cinq Premiers ministres de suite qui disent : Nous n'acceptons pas la Constitution canadienne. Elle nie notre existence comme peuple ; nous voulons être un peuple. Au moins, là-dessus, qu'on soit libéral ou péquiste, libéral fédéral ou bloquiste, qu'on soit végétarien ou carnivore, on s'entend tous…»

JACQUES PARIZEAU, 1995.

«Je signale encore une fois au gouvernement fédéral que si on veut éviter un prochain référendum sur la souveraineté du Québec, c'est par le changement souhaité par la majorité des Québécois que nous accomplirons ce résultat-là.»

DANIEL JOHNSON, 1995.

«Tout compte fait, je suis heureux d'avoir appuyé l'entente du 12 juin, le projet de souveraineté-partenariat et le camp du oui. Dans la relation entre le Canada et le Québec, le référendum du 30 octobre a brisé le statu quo.»

GUY LAFOREST, politologue, 1995.

«Le seul qui soit en position d'agir, et d'agir contre le Québec, c'est Jean Chrétien et quand on regarde de quelle manière il a utilisé ce pouvoir en 1982, par exemple (rapatriement de la Constitution de Londres), il ne s'agit pas de "raconter des peurs" aux gens, mais il faut y penser. »

Mario Dumont, 1995.

« Quand on n'aura plus "d'achalants" qui vont vouloir nous passer par-dessus la tête, on va pouvoir partager correctement avec les gens du milieu, sans craindre de se faire "*bypasser*" par un gouvernement qui n'a aucun scrupule pour empiéter dans nos compétences. »

Guy Chevrette, sur la décentralisation après un Québec souverain, 1995.

« J'en ai fait mon deuil. Nous n'avons pas besoin de leur mettre de bâtons dans les roues, ils s'en mettent tous seuls. »

Michel Gauthier, sur les chances d'avoir une proposition du Canada, 1996.

« Comme cette offensive est multiforme, elle est à la fois juridique et même judiciaire, elle est diplomatique – il y a une offensive du gouvernement fédéral à l'étranger pour discréditer le droit du peuple québécois de choisir lui-même son avenir –, elle est aussi politique, elle est économique – on cherche de toutes les façons à faire percevoir la souveraineté du Québec comme une nuisance pour l'économie –, l'action du Québec sera aussi multiforme. »

JACQUES BRASSARD, 1997.

« Depuis maintenant 15 ans, le Québec subit une Constitution qui lui a été imposée sans référendum, et contre le vœu clairement exprimé par les deux grands partis à l'Assemblée nationale. »

BERNARD LANDRY, à Stéphane Dion, 1997.

« Vous connaissez mes positions éditoriales, vous savez que je conclus à la faillite du Canada politique et par là que je souhaite voir advenir la souveraineté du Québec. Je crois toutefois que les Québécois, le temps venu, décideront de cette question eux-mêmes, quel que soit l'avis des francophones des autres provinces.»

LISE BISSONNETTE,
directrice du *Devoir*, 1997.

«Dans tout ce qui regarde le Québec, le gouvernement Chrétien me scandalise. Ou bien il est malhonnête, ou bien il ne comprend pas le Québec.»

RODRIGUE BIRON, 1997.

«Pour ma part, je respecte les convictions des souverainistes. Mais je le dis comme je le pense : encourager les Québécois à faire sécession pour échapper au fédéralisme "*one nation*" de Jean Chrétien, cela je le comprends. Mais les inciter à faire la souveraineté simplement pour occuper un siège de plus dans des organismes "internationaux" devenus de parfaits eunuques face aux forces planétaires de la globalisation, c'est, à mon avis, les pousser à un jeu qui n'en vaut pas la chandelle.»

ANDRÉ BURELLE, conseiller
dans les gouvernements de Trudeau
et de Mulroney, 1998.

« Il y a là une sorte d'insensibilité insultante qui implicitement admet ceci : les Québécois sont contre, mais c'est sans importance. »

JACQUES PARIZEAU, quant à la position du Québec par rapport à la Constitution, 1998.

« Faudra-t-il aviser Terre-Neuve qu'ils vont redevenir une colonie britannique ? »

JACQUES BRASSARD, rappelant qu'un 52 pour cent d'adhésion avait permis à Terre-Neuve d'entrer dans le Canada, 1998.

« La stratégie fédéraliste, par contre, se résume essentiellement à l'exploitation de la peur, dans une vaste gamme de variantes : l'indépendance voudrait dire le désastre économique, l'insécurité généralisée, le totalitarisme politique, voire l'intervention militaire fédérale ou même la guerre civile. »

ANDRÉ D'ALLEMAGNE, 1998.

« Les minorités francophones hors du Québec vont y trouver leur intérêt parce qu'elles ont l'assurance que leurs droits vont faire partie des négociations. Ce n'est pas parce que le Québec ne sera plus dans le Canada que ces minorités vont perdre leurs droits. »

LUCIEN BOUCHARD, questionné
sur la situation des francophones
hors Québec, 1998.

« Par contre, quand le gouvernement fédéral soutient sans broncher qu'advenant la souveraineté du Québec le sort des francophones du Canada serait en péril, il n'est pas en train de défendre les francophones ou d'assurer leur survie, il est en train de les menacer. »

GILLES DUCEPPE, au cours d'une allocution
à l'université de Moncton, 1998.

« On a, non sans raison, incriminé l'argent. L'écart entre les ressources financières des deux camps, au mépris de la loi québécoise et des règles du jeu démocratique, dans les deux occasions, est notoire, et il eut été ailleurs bien naïf de s'attendre à autre chose. »

ANDRÉ D'ALLEMAGNE, 1998.

« Et si cela ne suffit pas, et cela ne suffira jamais complètement dans un régime fédéral anglophone, il faudra recourir au seul moyen vraiment efficace, la souveraineté du Québec. »

CAMILLE LAURIN, 1999.

« C'est à lui, à la rigidité de sa vision du Canada que j'accorde la paternité de mon choix de défendre la souveraineté du Québec. »

JEAN-PAUL L'ALLIER, maire de Québec, à propos de Pierre Elliott Trudeau lors du décès de celui-ci, 2000.

« Notre statut à l'intérieur du Canada n'est pas étranger à nos difficultés. »

MARIE MALAVOY, 2000.

« Ainsi, faisant allusion aux intrusions appréhendées du ministre fédéral de la Santé, Allan Rock, dans les soins à domicile et dans les normes nationales pour comparer les urgences, la ministre Marois a ajouté : "Remarquez qu'avec l'attitude qu'a le fédéral actuellement, peut-être que les Québécois, à force de se faire piler sur les pieds, vont enfin décider de prendre en main tous leurs outils". »

PAULINE MAROIS, 2000.

« Le peuple québécois a tout à perdre si ses têtes pensantes jouent de la même confusion politique que les pères de la Confédération, qui ont concocté un régime politique qui s'approchait de l'État unitaire mais qui l'ont baptisé "confédération" pour mieux cacher sa logique interne. »

CLAUDE G. CHARRON,
PIERRE DE BELLEFEUILLE, GORDON LEFÈBVRE
ET DENIS MONIÈRE, membres du
Cercle Godin-Miron.

« Il a surtout servi d'instrument de minorisation des Canadiens français puisque, du tiers de la population canadienne que nous étions en 1867, nous en constituons moins du quart actuellement et que le déclin se poursuit. Cette minorisation démographique a de lourdes conséquences politiques. »

DENIS MONIÈRE, sur le fédéralisme, 1995.

« Le Québec pourrait inventer de nouveaux modèles de gouvernance, se tailler une place à sa mesure dans le monde… Cette force collective, elle est bridée dans le régime fédéral canadien. On ne pourra pas toujours se passer d'un pays. »

MICHEL VENNE, chroniqueur, 2001.

« Je n'ai pas le goût, moi, de faire la promotion de la Confédération. Et pour moi, il n'y a pas de doute, quand tu chantes à la fête du Canada, c'est ça que tu fais. Moi, ça ne me dit rien, l'Ontario, je veux m'identifier au Québec. »

DANIEL BOUCHER, auteur-compositeur-interprète, 2001.

« Ma préférence va à ce qu'il est convenu d'appeler une solution à l'européenne, et je n'ai jamais compris le mépris avec lequel on aborde cette solution, surtout chez certains partisans du fédéralisme. »

DANIEL LATOUCHE, 1995.

« Les passagers qui auront la vie sauve, sont ceux qui ont eu l'intelligence, la clairvoyance de quitter le bateau avant qu'il ne s'engouffre dans l'océan. »

> Jean Campeau, ex-ministre des Finances comparant la dette du Canada au naufrage du Titanic, 1994.

« Ottawa a réussi à culpabiliser les Québécois et à culpabiliser même le gouvernement du Québec. De sorte qu'aujourd'hui, on se dit qu'on ne peut faire ceci ou cela parce qu'on va reprendre la chicane avec le fédéral. »

> Paul Bégin, sur la propagande du fédéral, 2002.

« Il y a deux grandes orientations dans la société québécoise : l'une est l'aspiration à la souveraineté et l'autre est l'aspiration à un renouvellement du fédéralisme. »

> Jacques Parizeau, devant une assemblée de bloquistes, 2002.

«Aïe! Le jour où on a décidé qu'on entreprenait une démarche vers la souveraineté, on a signé un contrat de chicane avec le gouvernement fédéral. On a entrepris de dire que tant et aussi longtemps qu'on ne sera pas souverain, on va demander ce que le fédéral a et il répondra non. »

PAUL BÉGIN, 2002.

« Si le Québec cesse de rechercher un État qui lui ressemble, le reste du Canada n'arrêtera pas, lui, de construire le sien, sous l'impulsion toujours plus centralisatrice du gouvernement fédéral. »

JEAN-PIERRE CHARBONNEAU, 2002.

«À cet égard, la souveraineté du Québec, sans être une panacée, nous aiderait en mettant fin au déséquilibre fiscal et à des dédoublements qui donnent lieu à des choix sociaux contradictoires. »

JOSEPH FACAL, 2002.

«Que faites-vous depuis 30 ans?»
Dit-il à cet insolent.
– Nuit et jour à tout venant.
Je vous envie, ne vous déplaise.
– Vous m'enviez? J'en suis fort aise.
Eh bien, baisez maintenant!»

> MICHEL BELLEHUMEUR sur les habitudes
> sexuelles des souverainistes
> et des fédéralistes, en réponse
> au fédéralisme, 1998.

«Nous ne sommes pas à vendre, le Québec n'a pas l'intention de faire le trottoir pour des bouts de chiffon rouge.»

> BERNARD LANDRY, 2001.

C-20 : un peu de clarté référendaire avec ça ?

« C'est urgent pour réduire au silence certains petits rats qui fricotent des barrières au "oui" dans des soubassements ottawaïens avec leurs valets stipendiés dans les traîtresses succursales québécoises. »

CLAUDE JASMIN, romancier, dramaturge et critique d'art, sur l'urgence de dire qu'il n'y aura pas de référendum, 2000.

« Il y a une sorte de silence inquiétant qui plane présentement sur le Québec, une sorte d'apathie. Jamais les Québécois n'ont accepté de provocation pareille. »

LUCIEN BOUCHARD, après l'aveu de Jean Chrétien qui refuserait de reconnaître une victoire du Oui trop serrée, 1995.

« Si, comme on dit, "dans le cochon tout est bon", tout l'est aussi contre la calamité souverainiste. C'est cela, le plan B, le seul qui existe. »

CLAUDE MORIN, 1996.

« Nous ajoutons cependant que si le Canada rejette notre main tendue, si le Canada veut nous imposer des vétos, nous retenir dans la fédération contre notre gré, nous allons nous en retirer en proclamant la souveraineté. »

LUCIEN BOUCHARD, 1997.

« Le Premier ministre (Jean) Chrétien affirme clairement qu'il ne respecterait pas le choix majoritaire du peuple québécois en faveur de la souveraineté, même s'il formulait lui-même la question, ce qui en dit long sur sa conception de la démocratie. »

LORRAINE PAGÉ, 1997.

« Je demande à tous les souverainistes d'intervenir dans la campagne, parce que l'enjeu, c'est le droit des Québécois à décider de leur avenir. »

LUCIEN BOUCHARD,
lors des élections fédérales de 1997.

« En démocratie, on ne peut pas, ne pas respecter la voix du peuple. »

LISE THIBAULT, lieutenant-gouverneur du Québec, 1997.

« Je reconnaîtrai toujours au peuple québécois (celui que mentionnent les cinq juristes) son accès à la souveraineté, si tant est qu'il le veuille. Je ne cesserai pas de penser que sans l'évocation d'une déclaration unilatérale de souveraineté par l'Assemblée nationale il n'y aura pas de souveraineté. »

JACQUES PARIZEAU, 1997.

« Et conformément à son principe moteur qui fait du peuple le dépositaire de la souveraineté, il a toujours respecté le verdict populaire. Mais cette logique tenait pour acquis que les Canadiens en feraient autant, que la bataille politique se ferait à armes égales et que les fédéralistes respecteraient eux aussi le verdict populaire.»

GUY BOUTHILLIER, DENIS MONIÈRE ET
PIERRE DE BELLEFEUILLE du Cercle Gérald-
Godin, 1997.

«Ce n'est pas un électrochoc, c'est évident. Ce n'est pas quelque chose pour mobiliser.»

GÉRALD LAROSE, sur la décision
de la Cour suprême, 1998.

«Lorsqu'il s'agit de créer un pays, la simple mobilisation dans le cadre d'une campagne électorale est insuffisante pour vaincre tous les obstacles que feront surgir les adversaires de l'indépendance du Québec. Il faut que ce vote s'accompagne d'une détermination à toute épreuve et qu'il procède d'une forte politisation. Le soutien électoral d'une majorité de Québécois ne sera pas suffisant pour réaliser l'indépendance à moins de postuler que cette indépendance se fera avec l'accord du Canada.»

GUY BOUTHILLIER, DENIS MONIÈRE ET
PIERRE DE BELLEFEUILLE
du Cercle Gérald-Godin, 1997.

«Nous respectons les décisions prises par la démocratie québécoise. Mais le droit de choisir – leur gouvernement ou leur avenir – appartient aux Québécoises et aux Québécois. Il n'appartient pas au gouvernement.»

LUCIEN BOUCHARD, par opposition
à la Cour suprême qui a statué
sur la clarté référendaire, 1998.

«C'est au peuple de décider et non pas à la Cour suprême.»

Mgr TURCOTTE, 1998.

«Tous sont d'accord pour reconnaître que l'avenir politique du Québec, quelle que soit l'option devant être retenue, relève en dernière analyse de la volonté souveraine du peuple québécois.»

CLAUDE RYAN, 1998.

«Mais il affirme d'autre part que, par la Constitution, il détient un droit de veto sur la souveraineté du Québec, donc qu'il peut retenir les Québécois dans la fédération contre leur gré.»

LUCIEN BOUCHARD, au sujet du
gouvernement fédéral, 1998.

«C'est la bonne grâce que je nous souhaite en 1998 dans ce débat national que certaines forces tentent maintenant de faire dérailler en se cachant, sans grand courage, derrière le bouclier hautement partisan de la Cour suprême.»

JOSÉE LEGAULT, 1998.

«En se joignant ainsi aux forces du non le gouvernement fédéral reconnaissait implicitement la signification politique et la validité démocratique de l'opération référendaire. »

CLAUDE RYAN, sur la clarté référendaire, 1998.

« La Cour suprême dira ce qu'elle voudra. Même si elle dit qu'on n'a pas le droit [...], si le peuple décide de le faire, c'est le peuple qui est souverain. S'ils veulent s'amuser à se brancher là-dessus en Cour suprême, ils peuvent bien [...], mais si la majorité le décide, je ne vois pas comment un ordre de la Cour suprême pourrait empêcher le peuple de le faire. »

Mgr TURCOTTE, 1998.

« Le gouvernement a sous-contracté ses responsabilités à la Cour suprême et je crains que la Cour suprême n'en paye le prix sur le plan de la crédibilité. On aura politisé la cour, on l'aura forcée à s'immiscer au milieu d'un débat politique. »

JEAN CHAREST, 1998.

« Bref, on oublie que le peuple québécois a déjà exercé par deux fois son droit à l'autodétermination et qu'on ne saurait aujourd'hui tenter de circonscrire une réalité déjà dûment établie face à nous-mêmes et face à la communauté internationale. »

JOSÉE LEGAULT, 1998.

« Aussi n'est-ce pas la tenue éventuelle d'un référendum qui est en cause devant les tribunaux, mais bien le processus envisagé par les péquistes pour réaliser la souveraineté. »

GUY BERTRAND, 1998.

« C'était un phénomène d'agression dans un certain sens. »

JACQUES PARIZEAU, 2000.

« Je crois que votre intervention unilatérale était malavisée. En agissant ainsi, vous risquez fort de raviver la flamme souverainiste presque éteinte au détriment d'autres importantes priorités [...], soit les services de santé, l'éducation, la pauvreté chez les enfants, la plaie des sans-abri, l'agriculture et l'emploi. »

ALEXA MCDONOUGH, chef du NPD,
sur la loi de la clarté référendaire, 1999.

« Père, pardonnez-leur car ils ne savent pas ce qu'ils font. »

JOSEPH FACAL,
sur la loi de la clarté référendaire, 2000.

« J'en appelle à votre sens démocratique […]. L'étude du projet de loi C-20 ne doit pas se faire de façon précipitée, par un comité législatif confiné à Ottawa, qui n'offrirait pas toutes les chances d'un véritable débat démocratique puisqu'il en limiterait les contributions. »

GILLES DUCEPPE, lettre à Jean Chrétien sur la
loi C-20 de la clarté référendaire, 2000.

« Le projet québécois est d'une limpidité absolue. Il l'était même du temps de René Lévesque. »

BERNARD LANDRY, 2000.

« C'est beau à voir. Il y a des moments comme ça en politique qu'il faut évidemment saisir. Sur le plan de l'option souverainiste, une chance comme ça, ça se présente [rarement]. »

JACQUES PARIZEAU, quant à la question de la clarté référendaire, 2000.

« Quand M. Dion dit qu'il ne tiendrait aucun compte d'un référendum, même largement gagnant, se rend-il compte qu'il illustre jusqu'à la caricature à quel point le système politique canadien est incapable d'accéder à la plus légitime des demandes québécoises et à quel point seule la souveraineté pourra garantir la sauvegarde de nos systèmes de santé, d'éducation et d'aide sociale présentement asphyxiés par l'étranglement fiscal d'Ottawa ? »

JOSEPH FACAL, 2001.

« Le Québec a donc eu droit successivement à des discours cautionnant la partition du territoire québécois, à un renvoi devant la Cour suprême tentant de faire déclarer illégale l'accession du Québec à la souveraineté et enfin, quand la Cour n'a pas donné à Ottawa les réponses qu'il recherchait, à la loi C-20 sur la "clarté" référendaire pour permettre aux dirigeants fédéraux de fixer dorénavant seuls les règles du jeu référendaire québécois. »

JEAN-PIERRE CHARBONNEAU, 2002.

Une majorité de 50 pour cent plus combien?

« Pourquoi les Franco-Québécois devraient-ils voter à 60 pour cent ou à 65 pour cent pour obtenir ce qu'ils veulent quand, dans toutes les démocraties du monde, 50 pour cent des voix plus une suffisent pour établir une majorité. »

PIERRE BOURGAULT, 1978.

« Pour déterminer leur avenir constitutionnel, tous les citoyens du Québec sont comme le veut la règle de la majorité, sur un pied d'égalité; voilà le fond de la question. Telle est la manière de voir des souverainistes. Et cette manière de voir, n'en déplaise aux "théoriciens des seuils" est aussi la seule qui soit conforme à la règle internationale. »

LOUISE BEAUDOIN, 1994.

« La démocratie c'est 50 pour cent plus un. [...] Le gouvernement fédéral devra respecter la majorité démocratique du Québec, n'importe quoi au-dessus de 50 pour cent, sinon, c'est un gouvernement qui va entacher la réputation internationale de la démocratie canadienne. »

Lucien Bouchard, sur les rumeurs voulant que la majorité soit portée de 50 pour cent plus une voix à 66 pour cent, 1996.

« Selon vous, une majorité simple serait-elle suffisante pour entrer dans le Canada, mais pas pour en sortir ? Ce serait absurde. »

Bernard Landry, à Stéphane Dion, sur la majorité simple nécessaire pour Terre-Neuve et Québec pour entrer dans le Canada, 1997.

« Les résultats référendaires de 1995 sont sous haute suspicion. Et il n'est pas impossible que les actions du gouvernement fédéral ait eu un impact supérieur à 50 000 voix. »

Bernard Landry, mettant en doute les résultats du Non au référendum, 1999.

« Et pour ceux qui voudraient contester une victoire qui repose sur le principe du 50 pour cent plus un, je ne peux que les renvoyer au principe fondamental de la démocratie et à la définition de majorité absolue telle qu'elle apparaît dans le dictionnaire. »

GILLES DUCEPPE.

« Tous les autres partis politiques reconnaissent cette règle de base du 50 pour cent des voix plus une. »

JACQUES BRASSARD,
sur le Parti libéral fédéral, 1998.

Aussi une question d'économie

«Nous, qui sommes les économiquement faibles du Canada, nous devrions payer deux fois pour conserver le douteux privilège d'être les derniers colonisés du monde?»

PIERRE BOURGAULT, 1965.

«Chose certaine, le Québec ne finira pas, ni dans l'immédiat, ni dans un avenir prévisible, en cette caricature anarchiste d'une république de bananes révolutionnaire que la propagande adverse a pris un plaisir sinistre à dépeindre d'avance.»

RENÉ LÉVESQUE, 1976.

«Nous avons au Québec, et en particulier à Montréal, une bien plus grande part des emplois canadiens en télécommunication, en aérospatiale, en pharmaceutique, que la proportion de notre population le justifierait. C'est peut-être parce qu'on est bon. C'est peut-être parce qu'on a le tour.»

JACQUES PARIZEAU, 1994.

«Mais un des outils pour atteindre l'objectif du plein emploi, c'est la souveraineté du Québec.»

CLÉMENT GODBOUT, 1994.

«Ce sont les syndicalistes, les fonctionnaires, les enseignants qui ont pris la souveraineté en mains. Il faut que les hommes d'affaires le fassent. C'est pas une maladie. Il faut arrêter de se cacher.»

JEAN CAMPEAU, président de la commission
Bélanger-Campeau, 1994.

«Je le répète : au Québec, le succès n'est plus l'exception. C'est la règle.»

JACQUES PARIZEAU,1994.

« On reproche aux artistes d'être silencieux dans les discussions actuelles. Mais c'est un débat de comptables. C'est une perversion de l'idéal souverainiste : on réduit les citoyens aux rôles de contribuables. »

LOUIS HAMELIN, 1995.

« Que le Canada n'essaie pas de nous faire payer plus que notre part. »

JEAN CAMPEAU, ministre péquiste, au sujet du montant de la dette dans le cas d'un Québec souverain, 1995.

« Il y a tant à faire dans ce chantier que devrait être l'économie du Québec. Il y a tant de choses que l'on peut amorcer, quitte à le développer quand nous serons enfin sortis du système et que nous aurons enfin le contrôle de nos moyens. »

JACCQUES PARIZEAU, 1996.

« D'où le thème qui revient périodiquement et qui s'exprime vulgairement ainsi : Lâchez

la souveraineté et occupez-vous d'économie. »

JACQUES PARIZEAU, 1997.

« Mais moi, je crois fermement que l'ambition des Québécois, la vôtre, ici, c'est plutôt
d'apprendre à pêcher : recherche et développement, formation professionnelle, produc-
tion de biens et de services. »

JACQUES PARIZEAU, sur le « poisson » que
donne Ottawa à Québec, 1994.

« Évidemment, le Québec a eu sa part de pro-
blèmes mais il se classe néanmoins au
seizième rang dans le monde pour ce qui est
de la puissance économique. »

JACQUES PARIZEAU, 1995.

« La FTQ reconnaît toujours la souveraineté du
Québec comme un moyen privilégié et indispensable de promouvoir l'épanouissement
économique et social du peuple québécois. »

FTQ, qui n'appuie plus le Bloc québécois,
1997.

«Aussitôt que la poussière (de l'après-référendum) sera retombée, moi, je vais aller parler à des gens, je vais aller voir les gens d'affaires, les décideurs économiques du reste du Canada, pour discuter avec eux et leur parler.»

LUCIEN BOUCHARD, 1996.

«La suppression du déficit, c'est un grand élément de confiance envers la souveraineté du Québec.»

JACQUES LÉONARD, 1996.

«Si le Canada anglais persiste, en faisant la grève du capital, à se mettre en retrait par rapport au développement du Québec, il va falloir précipiter la tenue du prochain référendum.»

GÉRALD LAROSE, 1996.

«Avoir des finances saines va donner confiance au gouvernement.»

JACQUES LÉONARD, 1997.

«Une fois qu'ils auront goûté à un système, la souveraineté du Québec, qui va fonctionner – le Québec sera plus riche qu'il l'est aujourd'hui à tous points de vue –, ces gens-là vont être heureux.»

RODRIGUE BIRON, à propos des partitionistes, 1997.

«Cet objectif n'est pas incompatible avec la nécessité d'entretenir un dialogue constructif avec les Canadiens, de toutes tendances politiques confondues, et de leur proposer un partenariat mutuellement bénéfique.»

LE BLOC QUÉBÉCOIS SUR LA SOUVERAINETÉ, 1999.

Question de pragmatisme

« L'indépendance, ça n'existe pas en soi. Il faut d'abord se donner des moyens, un cadre, des outils. Après , on peut hisser un drapeau, si on le désire ! »

DANIEL JOHNSON, dans les années 1960.

« Les Canadiens français ont atteint un niveau de vie suffisamment élevé pour être incapables d'accepter l'aventure, devenue classique dans les pays sous-développés, de la nationalisation à outrance. On ne peut vraiment sacrifier une génération que si la précédente l'était sans le savoir. »

JACQUES PARIZEAU, 1967.

« Si le Québec était souverain, la ratification du protocole de Kyoto ne nous coûterait rien parce que depuis le traité de Rio de Janeiro, en 1992, le Québec est la seule province à s'en être tenue à cette décision et à n'avoir pas augmenté ses émissions de gaz à effet de serre[...]. »

PAUL BÉGIN,
sur le protocole de Kyoto, 2002.

« Il ne faut tout de même pas abandonner le territoire à l'adversaire : si les souverainistes s'en vont, comment l'idéal de la souveraineté va-t-il progresser ? »

BERNARD LANDRY, novembre 1984.

« Nous ne sommes pas des gauchistes. Le Québec ne sera pas un Cuba du Nord. »

LUCIEN BOUCHARD, alors chef du Bloc, à des journalistes de la presse anglophone, 1993.

« Et ce faisant, soutient M. Bégin, non seulement c'est notre argent qui va servir aux autres provinces, mais les industries dans les autres provinces vont se moderniser et se mettre à jour et elles deviendront plus concurrentielles que nos entreprises qui ont procédé à ces changements depuis plusieurs années. Ça, si ce n'est pas démontrer jusqu'à quel point il serait utile de faire la souveraineté plutôt que de rester dans le Canada, je ne comprends plus rien. »

PAUL BÉGIN,
sur le protocole de Kyoto, 2002.

« Une nation est une nation et elle veut être libre, sauf qu'à l'aube du prochain millénaire, que font les nations modernes dans leurs relations entre elles ? Elles cultivent les quatre libertés de circulation – biens, services, personnes et capitaux –, ce que nous souhaitons ardemment avec nos partenaires canadiens, et créent aussi les institutions pour que la liberté s'établisse de facto, donc des institutions partenariales. C'est ça, le projet québécois, c'est un projet amical, moderne. »

BERNARD LANDRY, 1999.

« Tout naturellement, pour moi, un pays indépendant doit avoir sa banque centrale, sa monnaie et sa politique monétaire. En fait, plus le danger est grand sur le plan commercial, plus les risques de pressions financières sont élevés, plus il est important de disposer d'une bonne marge d'autonomie monétaire. »

JACQUES PARIZEAU, 1997.

« Il est dès lors important de montrer le jeu véritable. Alors que certains pays accèdent à leur souveraineté dans l'appréhension sinon dans le désordre, il faut que le Québec se rende compte qu'il peut accéder à la souveraineté dans la continuité de ses valeurs démocratiques, en comptant sur l'efficacité de ses moyens, et, donc, dans la confiance. »

JACQUES PARIZEAU, 1992.

« Nous devons aider les gens à différencier le gouvernement du projet souverainiste. Il ne faut pas mélanger les fermetures d'hôpitaux et autres actions du gouvernement avec la souveraineté du Québec. »

MARIO DUMONT, 1995.

« On paye encore nos taxes à Ottawa, qui prend encore les décisions qui affectent directement et parfois cruellement le Québec. Ottawa a encore un rôle à jouer dans le développement économique du Québec. Nous devons recevoir notre juste part de l'argent que nous envoyons chaque année à Ottawa. »

LUCIEN BOUCHARD, 1995.

« Pour créer une grande occasion historique, ce n'est pas nécessaire que l'amour fou existe entre les militants et les dirigeants des partis. »

MARIO DUMONT, sur la coalition du PQ, du BQ et de l'ADQ dans le camp du Oui, 1995.

« Lorsqu'une formule est presque gagnante, il convient de l'améliorer mais il faut prendre garde de l'affaiblir. »

LUCIEN BOUCHARD, 1996.

« Que le gouvernement ne parle plus que rarement de la souveraineté du Québec n'est pas en soi étonnant. On peut avoir comme tactique pendant un temps de laisser les gens respirer.»

JACQUES PARIZEAU, 1996.

«Nous sommes nationalistes, mais le Québec est un trop petit marché pour notre musique.»

Membres de GROOVY AARDVARK expliquant leur choix de chanter en français et en anglais, 1996.

«Quand on aura rétabli les finances du Québec sur des bases solides, on pourra faire tout ce qu'on voudra collectivement, on pourra faire ce que nous avons décidé démocratiquement.»

LUCIEN BOUCHARD, 1996.

Rêves de liberté
et de révolution

« Finis les monuments aux morts ! Désormais, nous élèverons des monuments aux vivants. Ils seront faits de notre indépendance et de notre liberté. »

PIERRE BOURGAULT, 1961.

« Nous voulons que cet esprit ne soit plus distrait par d'inutiles batailles, et qu'ayant retrouvé sa dignité, il puisse commencer à travailler sur lui-même au lieu de défendre les portes du musée où on l'enferme. »

PIERRE BOURGAULT, 1961.

« Il y a ceux qui ont oublié
Il y a ceux qui serrent encore les dents
Il y a ceux qui s'en sacrent
Il y a ceux qui veulent tuer. »

> GÉRALD GODIN, poète, romancier et
> nouvelliste, tiré de *Ils ne demandaient
> qu'à brûler, Anthologie 1960-1986.*

« L'indépendance du Québec ne pourra se faire que de deux façons : par la révolution, provoquée de l'intérieur ou imposée de l'extérieur ; par des moyens démocratiques et juridiques. »

> PIERRE BOURGAULT, 1961.

« Mais tous sautant d'emblée sur l'occasion unique et peut-être fugitive, et d'autant plus précieuse, de vivre cette étape nécessaire de la liberté collective. »

> RENÉ LÉVESQUE,
> sur les états souverains, 1968.

« On aurait tort de vouloir réduire un désir naturel de liberté à une simple réaction de ressentiment. »

PIERRE BOURGAULT, 1961.

« On tirera des tomates aux Anglais
Des œufs pourris des Lénine
Avant d'avoir sur la gueule
La décharge de plombs du sergent Dubois. »

GÉRALD GODIN, *Cantouque menteur.*

« Il faudra que Québec suive l'exemple de ces huit pays courageux et qu'il conquière enfin sa liberté. »

PIERRE BOURGAULT, 1963.

« Accrochez-vous à l'histoire ! Un jour, soyez-en sûrs, le Québec réussira à passer à travers les dernières peurs qui ne l'empêcheront plus très longtemps encore de voir à quel point ce serait beau, une vie normale de peuple libre de sa destinée. »

RENÉ LÉVESQUE, après la défaite
du Parti québécois, 1973.

« Nous avons dit et répété que l'indépendance n'était pas une récompense pour les peuples parfaits : elle vient au début de la libération des peuples elle n'en est pas le couronnement. »

PIERRE BOURGAULT, 1965.

« Un peuple ne saurait [...] se passer de tout idéal. Il aura toujours besoin de rêver collectivement, et que de ses rêves sortent des projets. »

RENÉ LÉVESQUE, 1985.

« Pour plusieurs, l'indépendance apparaît désormais comme une coquille vide. Un simple changement administratif, alors que transformer vraiment une société, c'est un idéal autrement puissant. »

CHARLES GAGNON, 1994.

« Une idéologie de l'émancipation est fondée sur une éthique de la responsabilité et sur une assomption de la culture. Il faut être libre pour assumer, maître de ses décisions pour durer. »

JEAN-MARC LÉGER, 1993.

« Je comprends mieux que jamais qu'il faut en effet être déjà libre pour vouloir devenir libre, pour que la résignation n'étouffe jamais la révolte devant l'injustice, l'exploitation, la domination. »

ANDRÉE FERRETTI,
romancière et essayiste, 1990.

« Chaque film, chaque maison, chaque poème, chaque robe, chaque chanson que nous créons fait exister le Québec, un peu plus chaque jour. Nos chefs-d'œuvre, comme nos cochonneries. Parce que ce sont nos cochonneries. Le Québec existe dans nos rêves. Par nos rêves. Et le jour où nous cesserons de rêver, le pays mourra. »

PIERRE FALARDEAU, 1990.

« Je suis un prisonnier politique dans mon propre pays. »

ARMAND VAILLANCOURT, 1999.

« Aujourd'hui, 32 ans plus tard, ma gorge se serre à nouveau quand j'entends le mot liberté. Chaque fois. Chaque fois mon sang se remet à cogner dans ma tête. Chaque fois, mes rêves de jeunesse me remontent du fond des tripes. »

PIERRE FALARDEAU, se rappelant ses 15 ans et son désir d'un pays, 1994.

« L'humanité serait meilleure si les peuples opprimés dans le monde étaient aujourd'hui libres. Le Québec, de ce point de vue, doit être exemplaire et chercher sa liberté. »

BERNARD LANDRY, lors de la commémoration de la mort de René Lévesque, 2002.

« Le Québec se mit à l'école, le Québec s'est pris en main. On a pris le goût à la liberté, et qui goûte à ce fruit n'est jamais rassasié. »

GILLES DUCEPPE, 2000.

Un rendez-vous avec l'histoire

« Pas une génération, depuis trois siècles, n'a vécu, collectivement, avec assez de dignité pour se mériter l'admiration et l'estime de la génération suivante. »

Pierre Bourgault, 1961.

« Être nous-mêmes, c'est essentiellement de maintenir et de développer une personnalité qui dure depuis trois siècles et demi. Au cœur de cette personnalité se trouve le fait que nous parlons français. Tout le reste est accroché à cet élément essentiel, en découle ou nous y ramène infailliblement. »

René Lévesque, 1968.

« Bref, c'est la vraie entrée en action que l'indépendance. Tout le reste, depuis plus de

30 ans, n'aura été pour ainsi dire qu'une trop longue période d'entraînement. »

RENÉ LÉVESQUE, 1979.

« La Conquête de 1760. Une guerre brutale, sanglante, sans merci. Deux cent vingt-six ans plus tard, l'ennemi occupe toujours notre pays. Deux cent vingt-six ans plus tard, nous résistons toujours. »

PIERRE FALARDEAU, 1987.

« Je dois dire franchement que, comme eux tous, je persiste et nous persistons à croire que c'est par là seulement qu'on finira par trouver, entre ces deux peuples différents, mais imbriqués dans la géographie, par deux cents ans d'histoire, la solution à ce problème fondamental de l'égalité des droits comme de l'égalité des chances. »

RENÉ LÉVESQUE, 1980.

« Il a quelque chose d'extraordinaire à faire avec le Québec et qui ne se fait pas. On est passé à côté. Je sens une agonie, une amorphie, une comitose. Une maladie du "*meeting*" où rien ne se règle et ça fait 20 ans que ça dure. »

CLAUDE PÉLOQUIN, 1993.

« Reconnaissons, que c'est pour le moins un motif d'étonnement qu'un peuple hésite à se donner le pays qui est à la portée de main, à portée de volonté. Il ne lui est pourtant même pas demandé l'audace ni le courage, simplement une certaine lucidité, une certaine cohérence, un peu de fierté, bref l'ordinaire des jours pour tout un chacun. »

JEAN-MARC LÉGER, 1993.

« Voici venu le temps de la moisson dans les champs de l'histoire. Il est enfin venu le temps de récolter ce que semaient pour nous quatre cents ans de femmes et d'hommes et de courage, enracinés au sol et dedans retournés. »

Déclaration de souveraineté du Québec, dévoilée par GILLES VIGNEAULT ET MARIE LABERGE, au Grand Théâtre de Québec, 1995.

« Ça s'est fait par la force et après 240 ans, on doit sortir de ça. Ou bien on reste une minorité à jamais, ou bien on devient un État indépendant, une situation que, moi, je trouve plus normale. »

PIERRE FALARDEAU, 1997.

« On est pas mal bretteux ! »

PIERRE PAQUETTE, 1995.

« Les Patriotes ont été démocrates et ont contribué à instaurer la liberté au Québec, partiellement parce que le Québec n'est pas libre comme il souhaiterait l'être, mais ils ont fait faire une étape importante. »

BERNARD LANDRY, à la commémoration
de la victoire des Patriotes
à Saint-Denis-sur-Richelieu, 2001.

« Ça fait 30 ans que nous avons ce débat au Québec, je pense que les Québécois comprennent très bien les enjeux. »

JOSEPH FACAL, 2000.

« Cela prend du temps pour atteindre la souveraineté, mais il faut être persistant. »

JACQUES PARIZEAU, 2000.

« Toute l'histoire politique du Québec depuis 1760 a été marquée par un combat fondamental : survivre culturellement et être reconnu comme peuple distinct d'une part et, d'autre part, obtenir le maximum d'autonomie politique pour organiser à notre guise notre vie en société et notre développement. »

JEAN-PIERRE CHARBONNEAU, 2002.

Nous et le monde

« Nous en sommes au même point que les Cubains. Sauf que nous avons des souliers. Deux paires ! »

RENÉ LÉVESQUE, 1961.

« Il y a au Canada un seul problème : l'autonomie des Québécois. La réalité de l'autonomisme empoigne toute la vie politique. L'état d'esprit des Canadiens français est celui d'une minorité qui veut cesser de l'être. La colère est si grande qu'ils ont maintenant la volonté d'être autre chose que des hommes en colère. »

ANDRÉ MALRAUX, romancier et homme politique français, 1963.

« Ce qui, néanmoins, les a fait entrer dans le grand courant de la décolonisation, c'est le sentiment, devenu irrespirable pour plusieurs, d'être dominés et exploités par des êtres qui leur sont totalement étrangers. »

ANDRÉ LAURENDEAU, 1961.

« Je suis nationaliste si cela veut dire être pour soi, férocement pour soi, rentablement pour soi ou contre quelque chose, contre une situation de fait. Mais jamais contre quelqu'un. Le nationalisme qui veut dire racisme ou fascisme, c'est vomissant ! »

RENÉ LÉVESQUE, 1964.

« Le monde est fait de séparatistes. L'homme qui est maître chez lui est séparatiste. Les cent nations de la terre qui cherchent à conserver leur identité nationale sont séparatistes. »

MARCEL CHAPUT, 1961.

« Cela ne va pas sans difficultés, cela est certain, mais les avantages de l'indépendance sont si grands que ces peuples n'ont pas hésité à s'engager dans la lutte pour leur libération. »

PIERRE BOURGAULT, 1963.

« Le fait qu'il existe un Canada français nous est un réconfort, un élément d'espoir inappréciable… Ce Canada français affirme notre présence sur le continent américain. Il démontre ce que peuvent être notre vitalité, notre endurance, notre valeur de travail. C'est à lui que nous devons transmettre ce que nous avons de plus précieux, notre richesse spirituelle. Malheureusement, trop de Français n'ont sur le Canada que des idées bien vagues et sommaires. »

PAUL VALÉRY,
poète et essayiste français, 1967.

« Si le vieux général n'avait pas parlé du Québec libre, selon PET (Pierre Elliott Trudeau) on n'y aurait jamais songé sérieusement. »

RENÉ LÉVESQUE, 1970.

« Je me refuse à croire que Pierre Elliott Trudeau puisse seul avoir raison contre deux milliards d'hommes. »

PIERRE BOURGAULT, sur le fait qu'aucun peuple ne songerait à abandonner son indépendance, 1966.

« Dans un mariage avec l'éléphant voisin, la souris québécoise ne serait-elle pas inéluctablement aplatie, plus que jamais colonisée, prolétarisée, [...] bientôt reficelée sans rémission politiquement et abâtardie jusqu'au point de non-retour dans sa langue et sa vitalité culturelle ? »

RENÉ LÉVESQUE, 1970.

« Si j'étais polonais, palestinien ou nicaraguayen, la forme serait différente, mais la douleur serait essentiellement la même. »

PIERRE FALARDEAU, 1983.

« Avez-vous déjà vu ça, vous autres, dans l'histoire, un peuple qui a peur de sa liberté ? Qui devant la chance qui lui est offerte de conquérir pacifiquement et démocratiquement la plénitude de sa souveraineté hésite à faire le geste qui la lui donnerait ? Moi, ça me surprend beaucoup. Même que ça me scandalise un peu. »

DORIS LUSSIER, 1990.

« L'indépendance ne nous rendra pas meilleurs ou pires que les autres, elle nous permettra simplement d'être comme les autres peuples et de témoigner de nos valeurs à l'échelle universelle. »

DENIS MONIÈRE, 1995.

« On est le seul peuple occidental de plus de six millions de personnes qui n'a pas son État souverain. On est le seul ! Pourquoi on serait le seul ? On veut nous faire croire que c'est normal ? Ce n'est pas normal, ça… »

LUCIEN BOUCHARD, 1991.

« Connaissez-vous des Américains qui sont contre l'indépendance des États-Unis ? Avez-vous déjà rencontré des Britanniques ou des Français qui militaient contre la souveraineté de leur pays ? »

DORIS LUSSIER, 1991.

« C'est la France qui nous a plantés là-bas il y a 350 ans. [...] Il y a des responsabilités historiques que l'on doit assumer et la France doit en assumer une vis-à-vis de nous. »

LUCIEN BOUCHARD, 1994.

« Si c'est bon pour les Lituaniens, l'indépendance, pourquoi ce ne serait pas bon pour les Québécois ? »

PIERRE FALARDEAU, 1995.

« S'il m'arrivait de partir pour l'étranger, j'aurais assez de respect pour ne pas voter surtout lorsqu'il s'agit d'un scrutin portant sur un grand choix de société. »

JEAN-MARC LÉGER, 1995.

« Se donner un pays, c'est normal. Il y a des peuples que les hasards de l'histoire ont favorisés, qui ont reçu un pays en héritage sans avoir à combattre. Ou qui ne s'en souviennent pas. À l'échelle de l'humanité, la formation des États-nations est en effet une histoire trop souvent remplie de sang et d'injustice. Des peuples ont été rayés de la carte, d'autres ont mené un lent processus qui leur a finalement conféré une existence. »

Manifeste de la Fédération
des travailleurs du Québec, 1995.

« Contrairement à ce que certains prétendent, l'affirmation des identités nationales n'est pas un recul. C'est plutôt la première étape d'une vraie association entre les peuples. Comme le dit si bien Boutros Boutros Ghali : "Pour entrer en relation avec l'autre, il faut d'abord être soi-même."»

Michel Gauthier, 1996.

« M. Galganov aime se faire voir. Alors qu'il ait l'intention d'aller se faire voir chez les financiers américains de Wall Street ou chez les mafiosi du Kremlin ou chez les Grecs du Parthénon. Je ne vois pas le drame. Faut s'ouvrir. Les voyages forment la jeunesse. »

Pierre Falardeau, sur le voyage à New York
de Howard Galganov, d'Alliance Québec,
pour sensibiliser les Américains au sort des
Anglo-Québécois, 1996.

« Écoutez, il y a 20 ans, j'ai suivi ce qu'était le mouvement québécois et, en acceptant l'invitation du gouvernement québécois, je tenais à travers cette présence à manifester notre sympathie, notre appui et notre compréhension à la cause nationale au Québec. »

JORDI PUJOL, président autonome
de la Catalogne, 1996.

« Dans les journaux du monde entier, le lendemain de ce vote, on écrivait que le Canada avait reçu un sévère avertissement et qu'il devait procéder rapidement à des changements majeurs pour satisfaire les Québécois. »

LUCIEN BOUCHARD, 1997.

« Les souverainistes sont en France en pays d'amitié. »

SYLVAIN SIMARD, 1997.

« Il me semble bien que, sur cette terre, l'efficacité économique va de pair avec le sens de la négociation, le sens du compromis, des relations sociales modernes. Et je pense que nous, Français, du côté des politiques, du côté des chefs d'entreprises, du côté des syndicalistes, du côté de la société tout entière, nous pouvons nous inspirer de ce modèle qui est le vôtre. »

LIONEL JOSPIN, ministre français, 1998.

« Le droit des peuples à se gouverner librement et à traiter d'égal à égal avec les autres est inscrit depuis longtemps dans le droit naturel et confirmé dans l'effectivité historique. Pour les peuples déjà libres et maîtres de leurs destins, la question ne se pose même pas et aucun d'entre eux ne voudrait renoncer à sa souveraineté, sauf partiellement et seulement par adhésion volontaire à de véritables instances supranationales. Jamais ils n'accepteraient d'en sacrifier la moindre parcelle pour se soumettre à la domination d'un autre peuple voisin ou lointain, amical ou hostile. »

BERNARD LANDRY, 1998.

« Après l'adoption de la loi C-20, nos rencontres avec les représentants de plus d'une soixantaine de pays ont permis de miner la crédibilité du fédéral face à la démocratie québécoise. »

GILLES DUCEPPE, 2000.

« Bien des années plus tard, en voyant avec quelle facilité la Slovaquie se sépare paisiblement de la République tchèque avec un simple vote de son Parlement, j'aurai comme un coup de cœur. »

JACQUES PARIZEAU, 1997.

« Les Québécois pourraient rendre l'humanité meilleure. Nous le faisons pour contribuer à la liberté et à la dignité dans le monde. Pour que l'humanité soit meilleure. »

BERNARD LANDRY, 2003.

« Je ne pense pas à la souveraineté du Québec pour dans 10 ans, pour dans 20 ans, je veux que nous soyons dans le concert des nations comme peuple libre et souverain qui a quelque chose à dire fraternellement aux autres peuple de la Terre. Et il faut que ça se fasse d'ici quelques brèves années. »

> BERNARD LANDRY, lors du lancement
> de la cause du Québec, 2002.

« D'entrée de jeu, je leur dis que nous ne voyons pas le Canada comme un ennemi, mais comme un partenaire dans le cadre d'une organisation bien plus large comme l'ALENA actuellement, puis éventuellement l'ALENA. »

> GILLES DUCEPPE, au cours d'une visite
> au Mexique, 2002.

« On prend pour acquis que c'est notre choix et qu'il sera respecté. Ça ne leur apparaît pas comme un projet à haut risque. Je ne sens pas d'inquiétude ou de crainte. »

> PAULINE MAROIS, à propos des investisseurs
> européens et de la souveraineté, 2002.

« Le peuple du Québec mérite d'être au concert des nations plus que bien d'autres qui y
sont déjà. »

BERNARD LANDRY,
après la démission de Paul Bégin, 2003.

Québec d'hier à aujourd'hui

«Évidemment, les travailleurs sont Canadiens français; on peut donc se permettre de les traiter n'importe comment. Nous les porteurs d'eau, les pas bons, les caves, nous sommes du matériel parfait pour faire du *cheap labor*.»

PIERRE BOURGAULT, 1965.

«On partait d'une population ignorante de ce qu'est l'indépendance d'un pays. Je me disais qu'il y aurait d'autres occasions. J'étais déçu, mais je ne doutais pas qu'il fallait continuer.»

MARCEL CHAPUT, sur la défaite de 1980.

«Nous connaissons désormais fort bien la chanson : il faut que les immigrants s'intègrent en plus grand nombre au Québec français; pour ce faire, nous devons nous décider à mieux les accueillir en nous départissant de l'hostilité que nous avons toujours manifestée à leur endroit. »

PIERRE BOURGAULT, 1970.

« Sans doute n'est-ce pas facile de savoir ce que veut le Québec. Ce que je pense, quant à moi, c'est que le Québec voudra toujours davantage et que la vapeur n'est pas près d'être renversée. J'estime aussi que l'incapacité du gouvernement fédéral, pendant si longtemps, de représenter les Canadiens français tout autant que les Canadiens anglais est en partie responsable du vide qui s'est créé. »

JACQUES PARIZEAU, 1967.

« L'histoire n'appartient pas seulement au passé. L'histoire est une affaire de tous les jours. L'histoire appartient à ceux qui veulent la faire. »

PIERRE BOURGAULT, 1979.

« *What does Quebec want?* Le référendum aurait dû nous donner une réponse à cette question. Mais la seule chose dont on pourra être sûr, c'est que le Québec ne sait pas ce qu'il veut. »

PIERRE BOURGAULT, 1979.

« Le référendum (de 1980) nous concerne tous très directement comme Québécois. Sa commémoration est une autre occasion de rappeler bien haut la franchise, la fierté et la générosité du Oui que nous avons alors défendu, autour de René Lévesque et de son équipe. »

LUCIEN BOUCHARD, 1990.

« Qu'avons-nous fait au juste depuis 1960 ? Une minorité qui a survécu grâce à l'oubli de l'histoire s'est-elle rappelé simplement ses raisons d'exister ? Avons-nous célébré la fête exaltée que se donne une société avant d'entrer dans une agonie plus silencieuse ? Avons-nous effectué une prise de parole qui serait le suprême alibi d'une impossible prise en charge de notre destin ? »

FERNAND DUMONT ,dans *La Vigile du Québec*, publié dans les années 1970.

« C'est un démon du Québec, d'être ambigu. Et moi, c'est un démon que je veux combattre. »

LUCIEN BOUCHARD, 1992.

« Je ne renie rien, mais les temps ont changé. L'indépendance du Québec ne signifie plus la même chose aujourd'hui qu'en 1960. Ça n'a plus rien à voir avec la décolonisation de l'Algérie. »

JACQUES GODBOUT, romancier, journaliste, cinéaste dramaturge et poète, 1993.

« Les "Maîtres chez-nous" de Jean Lesage, "Égalité ou indépendance" de Daniel Johnson père, le Livre blanc du gouvernement Lévesque sur la souveraineté-association, le rapport Allaire du Parti libéral, *Un Québec libre de ses choix*, s'inscrivent comme autant de manifestations de la quête autonomiste du Québec depuis la Révolution tranquille. »

LUCIEN BOUCHARD, 1994.

« Le Québec a changé. Il est plus mature, plus rationnel. Ce n'est plus une bataille contre les anglophones. L'ennemi, en fait, n'est plus identifiable ! »

Monique Proulx, 1995.

« Les Québécois [...] sont tous égaux, il n'y a pas de distinction de statut, d'appartenance à notre société québécoise du fait qu'on soit d'une couleur, d'une religion, d'une origine ethnique ou l'autre. C'est fondamentalement ma croyance. »

Lucien Bouchard, 1995.

« Représentant le Parti québécois, le Bloc québécois et l'Action démocratique du Québec, nous convenons d'un projet commun qui sera soumis au référendum, afin de répondre, de manière moderne, décisive et ouverte, à la longue quête des Québécois pour la maîtrise de leur destin. »

Entente tripartite de l'ADQ,
du Parti québécois et du Bloc québécois
pour le Oui, 1995.

«Depuis près de 40 ans, Jean Lesage, Daniel Johnson père, Robert Bourassa, René Lévesque et Jacques Parizeau ont exigé du gouvernement fédéral qu'il nous laisse gérer nos programmes sociaux selon nos priorités québécoises et à notre façon, comme le prévoit le pacte d'origine entre les deux peuples fondateurs, la Constitution de 1867.»

LUCIEN BOUCHARD, 1997.

«Au début des années 60, il ne faisait aucun doute que le peuple québécois était un peuple de Nègres blancs. Aujourd'hui, ce n'est plus le cas. Bien sûr, il y a encore des Nègres blancs ici : les chômeurs, les assistés sociaux, les mères monoparentales. "Mais le Québec, dans son ensemble, a changé. Il ressemble de plus en plus au reste du Canada."»

PIERRE VALLIÈRES, 1995.

« Qu'avez-vous fait de notre court passé pourtant si plein de passion et d'êtres à la force légendaire ; d'hommes et de femmes dont l'irréductible caractère et le tempérament fougueux assurèrent la survivance de la nation que nous sommes ? »

PIERRE HAREL, s'adressant à la grande
bourgeoisie québécoise, 1995.

« Économiquement, le Québec joue pleinement la carte du libre-échange. Mais nous cherchons les moyens de marier l'intégration économique et la préservation de notre personnalité sociale et culturelle. »

LUCIEN BOUCHARD, 1997.

« Le Québec semble maintenant formé de deux générations politiques, l'une, majoritairement souverainiste, ayant été socialisée à la politique depuis la Révolution tranquille, l'autre, massivement fédéraliste, l'ayant été avant la Révolution tranquille. »

RICHARD NADEAU, NORBERT ROBITAILLE
ET CHRISTINE NOËL, 1995.

«Et au dernier référendum, la situation linguistique avait dominé toute la discussion alors qu'allophones et anglophones ont presque voté unanimement pour le Non.»

JACQUES PARIZEAU, sur le besoin
de réactualiser la souveraineté, 1998.

«On va prendre le temps d'être un bon gouvernement, de restaurer la confiance des Québécois, de redonner espoir aux jeunes et de créer une ferveur pour prendre toutes nos responsabilités. Tout le monde a manqué son coup, M. Lévesque, M. Bourassa, M. Mulroney, c'est pas réglable avec eux autres… (le Canada anglais), ça prend un référendum et la souveraineté… et la table (de négociation).»

LUCIEN BOUCHARD, 1998.

«Ailleurs, maintes fois dans l'histoire, le patriotisme – ou le nationalisme – avait assuré la continuité des peuples à travers les épreuves et les bouleversements de leur existence. Mais pour que le même phénomène se produisit au

Québec, il eût fallu une société plus politisée et une conscience nationale plus poussée. »

ANDRÉ D'ALLEMAGNE, 2000.

« Donnée plus importante encore, qui contredit l'hypothèse du vieillissement, les jeunes électeurs de 1980 – qui forment l'essentiel de la cohorte des 35-54 ans – ont non seulement conservé mais apparemment renforcé leurs convictions souverainistes. »

RICHARD NADEAU, NORBERT ROBITAILLE ET CHRISTINE NOËL, 1995.

« Fassent le Ciel et les militants du Parti québécois que l'histoire ne bégaye pas ! »

YVES MICHAUD, fondateur de l'Association de protection des épargnants et des investisseurs du Québec, 2000.

« Si les Québécois connaissaient leur histoire, ils seraient souverains depuis longtemps ! »

MARCEL TESSIER, historien, alors qu'il a été nommé Patriote de l'année, 2001.

« Dans mon esprit, toutefois, le projet de souveraineté devra être renouvelé – la majorité des souverainistes le pensent aussi. »

GÉRARD BOUCHARD, 2002.

« Les deux référendums ont été sans aucun doute mes défaites les plus difficiles à accepter. Si les gens avaient pu entendre mes pensées lorsque j'étais sur mon tracteur tout juste après le référendum de 1980, disons que je n'aimais pas tout le monde à ce moment là. »

JACQUES BARIL, député péquiste, 2002.

« Ces pulsions pour sa souveraineté, notre peuple les a ressenties à intervalles réguliers tout au long de son histoire. »

DENIS LAZURE, 2002.

Raison passion

«Notre but est de lui donner le moyen de s'exprimer, de lui fournir les arguments dont elle a besoin pour étayer par l'intelligence ce qu'elle sent par le cœur et la peau.»

PIERRE BOURGAULT, 1961.

«Le choix devait être facile, […] aussi bien pour le cœur que pour la raison. Il suffira de penser un peu à la longue fidélité du passé et à toute la vigueur du présent, et puis de songer aussi à ceux et celles qui nous suivrons et dont l'avenir dépend si grandement de ce moment-là.»

RENÉ LÉVESQUE, 1979.

« Je la veux toujours. Sauf que maintenant, je la veux tout court. Sans raisons. Sans discours. »

PIERRE FOGLIA, à propos de l'indépendance du Québec, 1994.

« Je lui ai dit que je ne composais pas de chanson politique, mais seulement des chansons d'amour. Elle m'a répondu : "Eh bien, faites-moi une chanson d'amour !" »

DAN BIGRAS, auteur-compositeur-interprète, sur la demande de Lisette Lapointe d'écrire la chanson du Oui, 1994.

« J'ai trop peu d'arguments. En fait ce que j'ai à dire tient en deux phrases.
J'ai la conviction que le Québec est un pays autre.
J'ai aussi la conviction qu'on ne devrait pas avoir à se justifier d'être "autre". »

PIERRE FOGLIA, 1994.

«Un as de cœur. Parce que très souvent le cœur, c'est la raison.»

> HÉLÈNE LOISELLE, comédienne, présentant la première carte des artistes pour la souveraineté, 1995.

«Le débat est aujourd'hui plus rationnel, moins émotif qu'il y a 15 ans. Ce qui n'est peut-être pas un mal.»

> MONIQUE PROULX, 1995.

«Car l'enjeu du prochain référendum sera justement celui de la raison. Les émotifs de la souveraineté du Québec, ceux dont l'instinct jase fleurdelisé, ont déjà choisi et n'ont pas besoin d'être courtisés. Il en va de même pour les émotifs du Canada *right or wrong*, que le camp du Non n'aura pas à rapailler à grands frais. Mais le marais, ces dix ou vingt pour cent de Québécois qui hésitent, tergiversent, stationnent un jour chez M. Mario Dumont et l'autre chez M. Jean Charest en attendant de décider entre les autoroutes de

M. Jacques Parizeau et de M. Jean Chrétien, calcule plus qu'il n'a de coups de cœur.»

LISE BISSONNETTE, 1995.

«Personne ne doit en douter : l'indépendance, nous l'avons au cœur, pas dans notre porte-monnaie d'intérêts. Et sachons que nous ne sommes pas seuls.»

BRUNO ROY, 1998.

Cochez oui ! Cochez non…

« Le mal est fait… On a ajouté aux 800 000 dollars que le camp du Non comme lui du Oui avait pour sa publicité des millions de dollars de fonds publics fédéraux. Je trouve ça non seulement illégal, mais immoral et scandaleux… Je pensais qu'après 15 ans de réforme des mœurs politiques, aucun gouvernement élu n'aurait osé patauger dans un tel scandale. »

RENÉ LÉVESQUE, 1980.

« Dire non, c'est ranger au placard une ébauche qui n'aurait jamais dû en sortir. C'est aussi tourner la page d'une trop longue période au cours de laquelle le Canada anglais n'a pas pris le Québec au sérieux. »

LUCIEN BOUCHARD, dernier discours de la campagne sur l'accord de Charlottetown, 1992.

«J'ai voté "oui" au référendum de 1980. J'ai voté "non" à l'Accord de Charlottetown. L'idée que le Québec devienne un pays souverain ne me fait pas peur, bien au contraire. J'ai toujours eu une trajectoire nationaliste.»

PIERRE NADEAU, 1994.

«Il semble souvent que pour les Québécois anglophones en général, du moins selon l'interprétation des médias, un "oui" anglophone est non seulement quelque peu illégitime, mais aussi presque carrément une trahison.»

RENÉ LÉVESQUE, 1980.

«Noubliez jamais que les trois cinquièmes de ce que nous sommes ont voté "oui". C'était pas tout à fait assez, mais bientôt ce sera assez. L'indépendance du Québec reste le ciment entre nous.»

JACQUES PARIZEAU, à propos des résultats du référendum, 1995.

« Une fois chez nous, nous n'aurons plus besoin d'afficher un fleurdelisé à nos fenêtres. Nous n'aurons plus besoin de crier : "Je suis Québécois !" à tout bout de champ. Nous serons réconfortés dans notre identité, et nous passerons à autre chose. »

RICHARD MARTINEAU, 1995.

« Nous sommes ici aujourd'hui en quelque sorte pour mettre nos espadrilles et pour nous préparer au sprint le plus important et le plus emballant de nos vies. »

JACQUES PARIZEAU, lors du rallye
de formation des militants, 1995.

« Pour renverser cette situation déplorable, il faut informer les gens et leur donner l'heure juste. »

PIERRE CHAGNON, comédien, quant
à la désinformation dont a fait preuve
le camp du Non, 1995.

« Le Oui va gagner parce que, nous, ce n'est pas la peur qui nous motive, c'est l'espoir. Ce n'est pas le passé qui nous intéresse, c'est l'avenir. Ce n'est pas la mésentente qui nous caractérise, c'est le rassemblement. »

JACQUES PARIZEAU, 1995.

« Je suis obsédé par le Oui. Je suis obsédé par l'idée que nous devons, face à l'histoire, nous prendre en main. La valeur de la souveraineté, c'est de rassembler, de déclencher un nouvel enthousiasme au Québec. »

LUCIEN BOUCHARD, 1995.

« Conclusion : faisons confiance non pas aux stratégies des partis, mais à nous-mêmes. Le Oui est un pas dans la bonne direction, peut-être un pas décisif. Le Non entraînerait un dangereux recul. »

PIERRE DE BELLEFEUILLE, 1995.

« Dans un cas comme ça, qu'est-ce qu'on fait ? On se crache dans les mains et on recommence. »

JACQUES PARIZEAU, 1995.

« Il est coincé de tous les côtés par les demandes formulées par le camp du Non au Québec […] et par la conviction profonde, dont il ne s'est jamais démarqué, voulant que le Canada est ce qu'il devrait être, qu'on ne peut le modifier fondamentalement et qu'on ne peut y faire une place spéciale pour le Québec. »

LUCIEN BOUCHARD, 1995.

« Le camp du Non a réussi à dépenser en une journée presque la somme totale respectée par le camp du Oui pour toute la campagne. Les infractions massives infligées à notre cadre démocratique ne seront pas oubliées. »

JACQUES PARIZEAU, 1995.

« Jamais la victoire du Oui ne nous avait paru aussi proche que ces jours derniers. De la voir se dérober à l'instant même où l'on croyait pouvoir la saisir, cela fait mal… »

LUCIEN BOUCHARD,
le soir du référendum, 1995.

«Dire non, c'est rejeter aux oubliettes les gens qui ont construit le Québec depuis 30 ans, les Jean Lesage, Daniel Johnson père, René Lévesque et même Robert Bourassa. Dire non, c'est arracher les pages d'histoire du Québec depuis 30 ans, c'est dire à Jean Chrétien qu'il avait raison de diminuer les pouvoirs du Québec.»

LUCIEN BOUCHARD, 1995.

«Une décision simple et forte a été prise aujourd'hui : le Québec deviendra souverain. Qu'on lui prépare une place à la table des nations.»

JACQUES PARIZEAU, discours qu'il devait lire dans l'éventualité d'un "oui", 1996.

«Les amis d'en face sont sans perspective, sans projet, et ils le savent. Ils proposent une banalisation du Québec.»

GÉRALD LAROSE, sur le camp du Non, 1995.

« Car c'est ce qu'il a fallu, du courage, aux Québécoises et aux Québécois, pour surmonter les formidables obstacles mis sur leur route, depuis les tous débuts jusqu'à ce jour. S'adapter et survivre en Amérique, tout en conservant leur identité francophone. »

JACQUES PARIZEAU, discours qu'il devait lire dans l'éventualité d'un "oui", 1996.

« Tous ces gens réunis diront oui à la souveraineté du Québec afin qu'un nouveau pays émerge, bien sûr, mais surtout pour que ce nouveau pays soit construit à partir de l'idéal d'une plus grande justice sociale. »

RÉJEAN THOMAS, à propos des groupes communautaires et des syndicats, 1995.

« La peur. La peur. La peur à tour de bras. »

GÉRALD LAROSE, sur la stratégie du Non, 1995.

« J'écrivais l'autre samedi que j'allais voter "oui" pour qu'il arrive quelque chose, pour que l'hiver soit moins long. C'est fou les gens qui m'ont écrit, ou qui m'ont dit depuis : ben moi aussi. »

PIERRE FOGLIA, 1995.

« Nous, peuple du Québec, affirmons notre volonté de détenir la plénitude des pouvoirs d'un État : percevoir tous nos impôts, voter toutes nos lois, signer tous nos traités et exercer la compétence des compétences en concevant et maîtrisant, seuls, notre loi fondamentale. »

Déclaration de souveraineté du Québec
dévoilée par GILLES VIGNEAULT ET
MARIE LABERGE, au Grand Théâtre
de Québec, 1995.

« On travaille sur trois mois, août, septembre et octobre. Attachez vos ceintures, on part. Notre pays, on va l'avoir. »

JACQUES PARIZEAU, 1995.

« Avec l'entente, nous ne sommes sûrement pas loin de 60 pour cent. »

MARIO DUMONT,
à propos de l'entente tripartite, 1995.

« Il ne faut pas que le Québec se peinture dans le coin. Un "non" au référendum serait catastrophique pour notre avenir. Un "non" démobiliserait les forces vives. »

GILLES PROULX, 1995.

« On a pratiquement gagné. Je pense qu'il y a eu très peu d'erreurs de faites dans cette campagne. »

GILLES DUCEPPE,
à propos de la campagne de 1995, 2000.

Désillusions amères

« On ne veut se mêler à rien, on veut juste avoir la job *steady* et le bon boss, et manger à tous les jours parce que nous n'avons pas d'avenir comme collectivité. Aucun avenir. C'est le néant, la fin dans quelques générations. Ça se traduit sur le comportement des individus. Ils attendent... J'en suis convaincu. »

YVON DESCHAMPS, 1971.

« Ici, je ne crois pas que les Canadiens français consentiraient à prendre les mêmes risques : ils sentent trop qu'ils ont un acquis, cela rend conservateur et pacifique. »

ANDRÉ LAURENDEAU, 1961.

« Moi, ce qui m'a frappé, c'est qu'on n'a rien dont on ait à s'excuser, et on n'a rien non plus dont on ait tellement à se vanter. »

RENÉ LÉVESQUE, 1974.

« Tout un cadeau aux générations futures, qui devront livrer la même bataille – si elle n'est pas perdue pour de bon au printemps 1980. »

PIERRE BOURGAULT, 1979.

« S'il fallait qu'après tant d'années de pression croissante notre montagne n'accouchât que d'une souris, aucune prétention nationale du Québec ne serait de longtemps prise au sérieux. »

RENÉ LÉVESQUE, 1979.

« Je comprendrais qu'on change d'idée. Je comprendrais qu'on vienne me dire que l'indépendance, après tout, est impossible, et qu'il vaut mieux renoncer maintenant avant de connaître les amertumes de ceux qui ont abandonné trop tard des combats futiles. »

PIERRE BOURGAULT, 1980.

« Et tous les prétextes sont bons pour rester assis dans sa marde : "J'veux pas perdre mes montagnes Rocheuses, ma télévision couleurs pis mon chèque de pension."»

Pierre Falardeau, 1994.

« On oublie trop souvent que les idées meurent, tout comme les hommes. Elles peuvent languir longtemps, avant de disparaître pendant que leurs porteurs, témoins inconscients de leur agonie, continuent d'entretenir l'illusion de leur éternité. »

Pierre Bourgault, 1981.

« En fait, une chose est claire. Si jamais on perd le référendum, on n'aura que nous-mêmes à blâmer, et non pas les adversaires. »

Paul Piché, 1994.

« Je suis un indépendantiste. Je voterai jusqu'au bout pour l'indépendance du Québec, qu'elle se fasse ou non, et même si je ne suis pas très optimiste sur ses chances de se faire. »

> ROLAND GIGUÈRE, poète, sur son refus en
> 1974 du Prix du Gouverneur général.

« Quand on divorce, on ne quitte jamais personne pour personne. Avec qui on va baiser ou par qui on va se faire baiser après, c'est ça qui est important. »

> ROBERT CHARLEBOIS,
> auteur-compositeur-interprète, 1995.

« Révolutionnaires d'hier, les indépendantistes muets sont aujourd'hui une force d'inertie capable d'enterrer leur propre cause. »

> MATHIEU-ROBERT SAUVÉ, 1994.

« Mes efforts sont restés vains. »

> LUCIEN BOUCHARD, lors de sa démission,
> sur le fait qu'il n'a pu accroître
> la ferveur souverainiste, 2001.

« J'en ai mon ultime convoi de ces discussions d'épiciers qui cherchent des accomo-
dements pour ne pas froisser le Yukon. De
tous ces gens qui tournent autour du pot...»

PIERRE PERRAULT, poète et cinéaste, 1995.

« Quand la majorité choisira de céder une
partie de son salaire pour un projet de souveraineté, quand tous accepteront le fait qu'il
n'y aura pas de pays du Québec sans que
chacun accepte de faire des sacrifices, alors
on pourra parler de volonté du peuple pour
la souveraineté, pas avant. Malheureusement, la lucidité fait peur à l'homme. »

HÉLÈNE JUTRAS, 1995.

« Le Québec, en somme, est un des rares pays
à avoir ainsi dévalué, renié ses mythes fondateurs. C'est l'équivalent historique de se tirer
une balle dans le pied ! »

JEAN-PIERRE BONHOMME, journaliste
indépendant qui a collaboré au *Devoir*
et à *La Presse*, 1995.

« C'est pour collaborer à l'arrivée de la souveraineté du Québec que je suis entré en politique en 1969. Ça a été la raison de mon départ en 1984. Ça a été la raison de mon retour en 1987 et c'est maintenant la raison de ma démission. Si je pensais que la souveraineté aurait plus à gagner de ma présence que de mon absence comme chef de gouvernement, ma décision serait différente. »

JACQUES PARIZEAU, 1995.

« Une nouvelle défaite référendaire serait comme une pierre tombale pesant 40 000 tonnes déposée sur un projet mort et définitivement enterré. »

PIERRE CHAGNON, 1995.

« Et j'hésiterais toujours à considérer les Québécois comme de vrais Canadiens. Parce qu'ils auraient eu la chance de choisir le Canada. Mais qu'ils ne s'en seraient que contentés. »

STÉPHANE ÉTHIER, 1995.

« Matin de la Saint-Jean. On fête un pays qui n'a jamais existé. On le fête comme s'il existait depuis toujours. Une fois par année, on triche ; on y goûte comme s'il était à nous. Comme un pauvre qui se loue un smoking et une limousine, et qui se sent riche l'espace d'une journée. »

LUC PICARD, 1995.

« L'échec de l'accord du lac Meech, le rejet de l'accord de Charlottetown ou même le coup de force de 1982 ne sont plus des références mobilisatrices. »

RÉAL MÉNARD, député bloquiste, 1997.

« Si j'avais un conseil à donner, mes conseils seraient largement basés sur le fait que je ne vois pas, chez les anglophones et certains groupes ethniques, la possibilité, rapidement, de changer les opinions dominantes. »

JACQUES PARIZEAU, 1997.

« Ils pleurnichent sur les bébés phoques, les Malécites, les bélugas, les Lubicons ou les baleines à bosse, mais notre lutte pour l'indépendance n'est jamais pour eux qu'une lutte tribale, ethnique, raciste ou antisémite. On connaît la chanson. »

Pierre Falardeau,
sur les « bonnes âmes de gauche », 1998.

« Le référendum de 1995 ne sera, en fin de compte, qu'une fidèle reprise du précédent. On y retrouve essentiellement les mêmes stratégies, les mêmes arguments, les mêmes adversaires et la même disparité de moyens. »

André d'Allemagne, 1998.

« Ça n'a pas de bon sens de se dire "non" comme on l'a fait à deux reprises. Quand est-ce qu'on va cesser d'envoyer la moitié de nos impôts à Ottawa et de les faire gérer par des gens qui ont des intérêts différents des nôtres ? »

Lucien Bouchard, 1998.

« Le danger, c'est que le temps passe, on se défend, on gouverne, on gère… Mais le dessein de la souveraineté, lui, il s'estompe. »

JACQUES PARIZEAU, devant le Québec *bashing* du Canada anglais, 1998.

« Anomie, faible natalité, difficulté d'intégration des immigrants, influence américaine omniprésente, aliénation nationale et sociale, domination politique et économique, usure des appuis possibles au niveau international sont autant de facteurs qui portent fortement, au risque de passer pour alarmistes, à considérer comme de plus en plus fragile l'existence même d'un peuple "distinct" par sa langue et sa culture en terre québécoise. »

ANDRÉ D'ALLEMAGNE, 1998.

« À tous ceux qui ont pu dire au lendemain du vote qu'il valait mieux avoir perdu par une si petite marge que de se retrouver gagnant par la même marge, je ne peux répondre qu'une chose : mince ou éclatante, je préférerai toujours la victoire à la défaite. »

GILLES DUCEPPE, 2000.

« Je pensais seulement que ça prendrait moins de temps. »

JEAN GARON, ex-ministre,
sur la souveraineté du Québec, 2000.

Pour quand le pays ?

« En 1967, je criais "Québec libre !" sur l'Em-barcadero Plaza, je n'ai jamais cessé de me battre depuis, mais cette fois, j'espère que c'est la bonne ! »

> ARMAND VAILLANCOURT, sur la sculpture
> *Québec libre* qu'il a créée
> à San Francisco, 1967.

« Ce qui est étonnant, c'est la patience de ce peuple, son incroyable patience, mais ça ne peut plus durer encore longtemps et ça va finir par éclater. »

> MICHEL CHARTRAND, syndicaliste, 1971.

« Je sens très profondément que c'est mainte-nant qu'il faut agir parce que la conjoncture ne m'a jamais semblé aussi favorable. »

> PIERRE BOURGAULT, 1990.

« L'indépendance est pour 1993. »

PAUL CHAMBERLAND, 1990.

« La première manifestation de l'amour, c'est le respect. Qu'on nous respecte comme peuple et nous assumerons nos responsabilités comme le font tous les autres peuples du monde. »

LUCIEN BOUCHARD, 1995.

« Nous avons tous vécu, ensemble, une aventure extraordinaire. La campagne référendaire, et la soirée de lundi soir, resteront à jamais gravées dans nos mémoires. Nous avons besoin de temps pour digérer tout cela. Pas quinze ans. Mais davantage que quelques mois. »

GUY LAFOREST,
à propos du référendum, 1995.

« Le prochain *party*, ça va être dans un pays. »

DAN BIGRAS, lors du spectacle
Artistes pour la souveraineté, 1995.

« Tant que la souveraineté du Québec n'est pas proclamée, et c'est d'ailleurs pour cela, entre autres, qu'elle doit l'être, nos efforts d'intégration seront toujours compromis par cette réalité. »

FRANÇOIS LEMIEUX,
président de la SSJB, 1995.

« Mais pourquoi? Quelle mouche a bien pu les piquer?, s'exclame, interloquée, la première dame du monde.
Difficile à dire, lui répond le président. On nous a présenté de ténébreuses explications, nous parlant en vrac de morosité politique, de coûts et bénéfices économiques difficiles à calculer, de bourses que les artistes craignaient de perdre, de subventions qui empêchaient les intellectuels de se prononcer, de tortueux concepts de souveraineté partagée, de… »

PIERRE GRAVELINE, dramaturge,
sur une mise en scène de 2020.

« Entre-temps, nous devons construire l'économie, restaurer les finances publiques,
rétablir la confiance sur les marchés à travers
le monde, se donner des bases solides à partir
desquelles nous pouvons construire n'importe quoi, une province forte ou un pays
souverain fort, et la démocratie va "préva-
loir". »

LUCIEN BOUCHARD, 1996.

« L'objectif, c'est la souveraineté, ça urge, ça
presse. Le fédéral a des moyens pour nous
nuire et il ne s'empêchera pas de le faire. Plus
ça va aller, plus on va passer au cash. »

FRANCINE LALONDE, 1997.

« On verra par la suite si les Québécois
augmentent leur niveau de confiance en eux-
mêmes, si cela pourra conduire à la création
des conditions gagnantes qui permettront un
référendum. »

LUCIEN BOUCHARD, sur les citoyens qui ne
veulent pas de référendum, mais une
poursuite des réformes, 1998.

« Si les provinces nous lâchent ou que le fédéral nous envoie promener, ce seront des conditions gagnantes. »

JACQUES PARIZEAU,
parlant de l'union sociale, 1998.

« Je ne suis pas maniaque des référendums. Quand on en fera un, ce sera pour faire avancer le Québec. »

LUCIEN BOUCHARD, 1998.

« Tôt ou tard, il faudra reposer la question, avec les mêmes ingrédients. »

GÉRALD LAROSE, 1998.

« Entre courage et témérité il y a plus qu'une nuance. Le courage, c'est de gagner des batailles au moment où on pense qu'on peut les gagner. »

BERNARD LANDRY, 1998.

« Il ne faut pas se méprendre. Le peuple du Québec a démontré dans le passé une capacité de rebondissement considérable. Nous savons tous que cette capacité est toujours là, prête à se manifester. Mais nous devons être francs et dire aux Québécoises et aux Québécois que, dans le contexte canadien actuel, il y a un prix politique à payer pour rester trop longtemps dans l'indécision. »

LUCIEN BOUCHARD,
discours inaugural, 1999.

« Stéphane Dion peut dormir tranquille. Il n'y aura pas de référendum… d'ici Noël. »

JOSEPH FACAL, 1999.

« Je revivais la solidarité du Parti québécois, du Bloc québécois, de l'ADQ et des autres partenaires du camp du changement. Je me disais que cet élan magnifique qui avait porté si près du but le peuple québécois le propulserait à nouveau en avant, et très tôt. »

LUCIEN BOUCHARD, discours de départ, 2001.

« Mais je ne veux plus en parler
Je ne veux plus en entendre parler
Car le moment est venu de passer
De la parole aux actes. »

PIERRE PERRAULT, 1995.

« Plus que jamais les années qui viennent seront cruciales. Et quand j'ai dit que je voulais que le Québec soit souverain en 2005, je ne l'ai pas dit d'une manière fantaisiste ou virtuelle, je le crois profondément et je le veux. D'abord parce que je crains que si ce n'est pas fait à cette date-là, ça devienne beaucoup plus compliqué, sinon illusoire, de le faire. »

BERNARD LANDRY, lors du lancement
de la cause du Québec, 2002.

« Ça ne sert à rien de tirer sur une fleur. Elle ne poussera pas plus vite. En ce moment, le référendum ne passerait pas. »

JACQUES BARIL, 2002.

« Ce rêve ne doit pas se dissoudre dans un horizon lointain. Il doit s'incarner dans une échéance précise. »

> BERNARD LANDRY, sur la tenue d'un référendum d'ici 2005, 2002.

« Notre objectif, notre obsession, c'est la souveraineté du Québec le plus tôt possible. »

> LUCIEN BOUCHARD, 2002.

Table des matières

Cet ouvrage
composé en caractères Minion corps 12
a été achevé d'imprimer
sur les presses de l'imprimerie Veilleux
à Boucherville
le 1er octobre deux mille trois
pour le compte des ÉDITIONS TRAIT D'UNION.

Imprimé au Québec